责任到人
执行到位

吴浩

编 著

中华工商联合出版社

图书在版编目（CIP）数据

责任到人 执行到位 / 吴浩编著. -- 北京：中华工商联合出版社，2020.11

ISBN 978-7-5158-2856-5

Ⅰ.①责… Ⅱ.①吴… Ⅲ.①企业管理－责任感－研究 Ⅳ.①F272.921

中国版本图书馆CIP数据核字(2020)第175015号

责任到人 执行到位

作　　者：	吴　浩
出 品 人：	李　梁
责任编辑：	关山美
装帧设计：	北京任燕飞图文设计工作室
责任审读：	于建廷
责任印制：	迈致红
出版发行：	中华工商联合出版社有限责任公司
印　　制：	北京毅峰迅捷印刷有限公司
版　　次：	2020年11月第1版
印　　次：	2020年11月第1次印刷
开　　本：	710mm×1000mm 1/16
字　　数：	180千字
印　　张：	15
书　　号：	ISBN 978-7-5158-2856-5
定　　价：	49.00元

服务热线：010-58301130-0（前台）
销售热线：010-58301132（发行部）
　　　　　010-58302977（网络部）
　　　　　010-58302837（馆配部）
　　　　　010-58302813（团购部）
地址邮编：北京市西城区西环广场A座
　　　　　19—20层，100044
http://www.chgslcbs.cn
投稿热线：010-58302907（总编室）
投稿邮箱：1621239583@qq.com

工商联版图书
版权所有 侵权必究

凡本社图书出现印装质量问题，请与印务部联系
联系电话：010－58302915

目 录

上篇 责任到人

第一章　没有做不好的事，只有不负责的人.....................002
对工作负责，就是对自己的人生负责.....................002
我们都是责任链上的一环.....................006
要做"最好的员工"，就得对工作"真心实意".....................009
责任胜于能力.....................013

第二章　在责任面前，没有旁观者.....................018
躲得了责任，躲不了后果.....................018
借口是事业成功的绊脚石.....................021
敢于负责让你脱颖而出.....................025
摒弃应付工作的心理.....................029

第三章　不为责任找借口，勇于担当敢行动 033

用责任心对待工作 033

面对问题不找借口 036

没有解决不了的问题，只有不负责的人 038

工作就要解决问题 041

第四章　责任是心，忠诚是魂 046

忠诚是一种职业道德 046

员工要对企业忠诚 050

自觉维护企业荣誉 054

保守企业的秘密 058

第五章　承担责任，履行职责是最好的感恩 062

感恩与责任是职业精神的源头 062

履行责任是发自内心的感恩行为 064

感恩让你担负起责任 067

漠视责任是对感恩的最大亵渎 069

第六章　对结果负责，才算真正完成任务 072

工作不只是为了薪水 072

重视自己的工作，用心解决问题 075

用百分之百的责任心，解决百分之一的问题 079

带着工作热情去解决问题 084

第七章 小事成就大事，细节铸就完美
- 工作需要精益求精 087
- 再小的事也要认真去做 091
- 不要忽略工作中的细节 093
- 注重细节，提高竞争力 097

第八章 做好"分外"事，赢得分外彩
- 不是"要我做"，而是"我要做" 102
- 每天多做一点 105
- 找事做，不分分内分外 111
- 用认真的心态去工作 116

下篇 执行到位

第九章 工作是干出来的，不是喊出来的
- 收获成功要从积极行动开始 122
- 不要空喊口号，关键在于执行 126
- 提高执行力，增强问题解决力 130
- 实干才能实现梦想 133

第十章 执行不到位，结果一定会错位
- 执行到位是关键 135

凡事都可以做得更出色..................................139
　　变"差不多"为"精益求精"..........................141
　　有了问题立即解决......................................144

第十一章　做事要方法，落实讲策略..................147
　　以"零缺陷"的标准去工作..........................147
　　找对方法做对事..150
　　讲方法，去浮躁..155
　　直面困难，工作让你更勇敢..........................159

第十二章　执行的关键，在于速度与力度..............163
　　现在就干，马上行动..................................163
　　空想百遍不如立即采取行动..........................168
　　工作要在截止日期前完成.............................171
　　主动执行，机会更多..................................174

第十三章　提高效率意识，提升执行效果..............178
　　你做到日事日清了吗..................................178
　　忙碌不代表有成效，执行不等于落实...............181
　　做好时间管理，合理安排工作.......................184
　　掌握方法，化难为易提高效率.......................187

第十四章　智慧管理，增强团队凝聚力……………………………………191

　　提高执行力要善于借助团队的力量………………………………191

　　团结就是力量，激发团队正能量…………………………………194

　　不要"凡事自己来"…………………………………………………197

　　学会分享才能共赢…………………………………………………200

第十五章　方法总比问题多，执行要懂变通………………………………204

　　采取行动才是解决问题的关键……………………………………204

　　没有最好，只有更好………………………………………………208

　　在工作中让自己强大起来…………………………………………211

　　始终比他人领先一步………………………………………………215

第十六章　只有干在实处，方能走在前列…………………………………220

　　不掩饰，不辩解，主动负责………………………………………220

　　工作总是超越领导的期望…………………………………………223

　　一流的执行力，创造一流的业绩…………………………………225

　　始终走在别人前面，成为不可替代的员工………………………228

上篇 责任到人

第一章
没有做不好的事，只有不负责的人

对工作负责，就是对自己的人生负责

在企业里，我们可以看到形形色色的人，每个人都有属于自己的工作轨迹。有的人是领导重视的骨干员工，享受着高薪高职的优渥待遇；有的人一直碌碌无为，从未在岗位上做出任何成绩；有的人时常牢骚满腹，总觉得自己与众不同，可到头来却一无所成。众所周知，除了少数天才，我们大部分人的禀赋都相差无几，既然如此，那究竟是什么造成我们如今的差别呢？

答案当然是"态度"！每个人都有自己的工作态度，有的人对待工作敷衍了事，漫不经心，有的人对待工作认真负责，精益求精。可以说，工作态度决定我们的工作成果。相信每一位在职场打拼的人都有这样的体会：如果不按最高标准要求自己，自己就没有办法将工作做到完美。

女排精神曾被运动员们视为刻苦奋斗、勇担责任的标杆和座右铭，鼓舞着他们的士气和热情。更关键的是，它因契合时代需要，不仅成为体育领域的品牌意志，更被强烈地升华为民族面貌的代名词，演化成指代社会文化的一种符号。女排精神之所以备受推崇，最重要的是那种足以流芳百

第一章 | 没有做不好的事，只有不负责的人

世的不畏强敌、顽强拼搏、永不言弃的奋斗精神和担当精神。

中国女排的发展史，就是一部艰苦奋斗史。从白手起家到铸就辉煌，靠的是艰苦奋斗、勇担责任；从低谷再到巅峰，靠的仍然是艰苦奋斗、勇担责任。在国家经济基础薄弱、物资匮乏的年代，她们利用最为简陋的条件开展"魔鬼训练"，即使摔得遍体鳞伤也含泪坚持。

三十多年来，中国女排前进的道路上有辉煌也有挫折，但不论在什么情况下，中国女排一直顽强拼搏，坚持奋斗，勇担责任，永不言弃。处顺境就自强不息增创更大优势，处逆境则自强不息化劣势为优势，从不怨天尤人，始终以顽强拼搏的担当精神带给人们感动与鼓舞。即使是面对最强大的对手，她们也毫无惧色，一球一球拼、一分一分搏，直到比赛的最后一刻！

"努力不一定成功，但放弃一定失败。"正如中国女排，她们在经历了低迷期，仍然不放弃，责任感、使命感让她们努力坚持奋斗再次荣登世界之巅。勇担责任是一种态度，只有勇于承担责任、坚持不懈地奋斗，人生才能趋于完美。

一群人正在铁路上工作，这时，一列缓缓开来的火车打断了他们的工作。火车停了下来，最后一节车厢的窗户打开了，一个低沉的、友好的声音响了起来："大卫，是你吗？"

大卫·安德森，这群人的负责人回答说："是我，吉姆，见到你真高兴。"

于是，大卫·安德森和这条铁路的总裁吉姆·墨菲进行了愉快的交谈。在长达一个多小时的愉快交谈之后，两人热情地握手道别。

大卫·安德森的下属立刻包围了他，他们对于他是墨菲铁路总裁的朋友这一点感到非常震惊。大卫解释说，二十多年以前，他和吉姆·墨菲是在同一天开始为这条铁路工作的。

其中一个人半认真半开玩笑地问大卫，为什么他现在仍在骄阳下工作，而吉姆·墨菲却成了总裁？

大卫非常惆怅地说："二十多年以前，我对自己的要求非常低，只做自己分内的事，有时候还会偷点儿懒，因为当时我的要求是每天能拿两美元就行了。而吉姆·墨菲对自己的要求非常高，他每天工作十几个小时，工作十分负责，从不敷衍，从不觉得累。而且他还说，他是为这条铁路而工作。"

成功学大师安东尼·罗宾说："如果你是个业务员，赚一万美元容易，还是十万美元容易？告诉你，是十万美元！为什么呢？如果你的目标是赚一万美元，那么你的打算不过是能糊口便成了。如果你不能给自己定下更高的标准，请问你工作时会兴奋吗？你会热情洋溢吗？"

这个最高标准怎么会有如此强大的推动力呢？归根结底，还是因为它里面蕴含了两个字——责任。对此，作家威廉·埃拉里·钱宁说过："一个人不管从事哪种职业，他都应该尽心尽责，尽自己最大的努力谋求进步，只有这样，追求完美的念头才会在我们的头脑中变得根深蒂固。"

很多人觉得自己的工作做得很好了，可事实真的是这样吗？面对工作，我们真的已经发挥了自己的最大潜能吗？面对工作，我们真的已经全力以赴了吗？面对工作，我们真的按照最高标准严格要求自己吗？

要知道，成功者从来都不会以平庸的表现自满，不管做什么事情，他们都会带着强烈的责任感全力以赴。所以，面对职场日益激烈的竞争，我们应该不断提升自身的责任意识，制定高标准，并严格按照这个最高标准来要求自己，努力超越平庸，将自己的工作做到完美。

你认为自己是什么样的人，就能够成为什么样的人，这就是态度的力量。同理，当我们按照最高标准来严格要求自己时，我们就能渐渐蜕变成一位卓越的员工，这便是责任感的力量。总之，成功与否并不取决于我们是谁，而取决于我们究竟以何种态度来对待手头上的工作。

69岁的日本"推销之神"原一平在一次演讲会上，有人问他推销的秘诀，他当场脱掉鞋袜，将提问的记者请上台，说："请您摸摸我的脚板。"

提问者摸了摸，十分惊讶地说："您脚板上的老茧好厚呀！"

原一平说："因为我走的路比别人多，跑得比别人勤。"

提问者略一沉思，顿时醒悟。

在不少战争片中，我们常常会见到这样的镜头，战役即将打响，常常有人向首长要求承担最艰巨、最危险的任务，并郑重承诺道："保证完成任务！"当首长问有什么困难时，"没有困难！"

这四个字往往是他们的答案。其实，身为员工，我们就是要拿出这种"保证完成任务"的决心和态度，按照最高标准要求自己，我们才能在工作中充满干劲，为了达到目标，努力克服一切困难。

我们都是责任链上的一环

众所周知,具有责任感是一个人在职场上立足的重要资本。每一位管理者总是希望把工作交给那些有责任感的人,谁也不会把重要的职位交给一个没有责任感的人。原因很简单,有责任感的人在问题出现时,从来都不会想着怎么去逃避自己的责任,相反,他会想尽一切办法去解决问题。

企业家玛丽·凯·阿什提出:"承认问题是解决问题的第一步,你越是躲着问题,问题越会揪住你不放。"这就是著名的阿什法则。相信很多人都对此深有体悟。尤其在工作中,当我们犯错误的时候,脑子里往往会出现想隐瞒自己错误的想法。其实,承认现在的处境,直面自己的错误,才是解决问题的第一步。而一味地回避问题,只会让事情朝着最糟糕的方向发展。

常言道,金无足赤,人无完人。任何一个人在工作中都难免有疏忽大意的时候,偶尔犯下错误也完全能够理解。其实,犯错并不可怕,真正可怕的是当我们因为粗心大意犯下错误时,脑子里想的竟然是如何合理地"落荒而逃"。这种不负责任、不愿担当的做法会让我们从此被打上"没有责任感"的标签,在工作中得不到他人的信任。

所以,在实际的工作中,我们必须清楚地认识到,我们每一个人都是企业这台大机器中的一个小零件,只要一个零件出了问题,这台机器就无法正常运转。而越是这个时候，我们越是要携起手来，共同承担责任，一起解决问题。

20世纪70年代中期，索尼彩电在日本国内已经很有名气了，但是在美国却不被顾客所接受，因而，索尼在美国市场的销售相当惨淡。为了改变这种局面，索尼公司派出了一位又一位负责人前往美国芝加哥，可遗憾的是，被派出去的负责人一个又一个空手而回，并且他们都为自己的铩羽而归找各种理由。

但索尼公司依旧没有放弃美国市场。后来，卯木肇担任了索尼国外部部长。上任不久，他被派往芝加哥。当卯木肇风尘仆仆地来到芝加哥时，令他吃惊不已的是，索尼彩电竟然在当地寄卖商店里无人问津。卯木肇百思不得其解，为什么在日本国内畅销的优质产品，一进入美国竟会落得如此下场？

经过一番调查，卯木肇知道了其中的原因。原来，以前来的那些负责人曾多次在当地的媒体上发布削价销售索尼彩电的广告，此举让索尼在当地消费者的心目中贴上了"次品"的标签，索尼的销量自然会受到影响。

这个时候，卯木肇完全可以选择回国复命：前任负责人把市场破坏了，这不关我的事儿，不是我的责任！但他并没有那么做，他首先想到的是要如何做才能改变索尼在消费者心目中这种既成的印象，从而让销售现状有所好转。经过几天苦苦的思索，他决定找一家实力雄厚的电器公司做突破口，彻底打开索尼电器的销售局面。

当时，马歇尔公司是芝加哥市最大的一家电器零售商，卯木肇最先想到了它。然而，在求见马歇尔公司总经理的过程中，卯木肇可谓吃尽了苦头，他连续三次登门拜访才求见成功，最后对方还是拒绝售卖索尼的产品。

可卯木肇还是不放弃，他一再地表示要立即着手改变索尼在消费者心目中的形象。回去后，卯木肇立即从寄卖店取回货品，取消削价销售，在当地报纸上重新刊登大面积的广告，重塑索尼形象。做完了这一切后，卯木肇再次敲响了马歇尔公司总经理的办公室大门。这一次，对方告诉他索尼的售后服务太差，产品卖不出去。为此，卯木肇立即成立索尼特约维修部，全面负责产品的售后服务工作，并重新刊登广告，附上特约维修部的电话和地址，24小时为顾客提供服务。

虽然屡次遭到拒绝，但卯木肇还是痴心不改。最后，在他的努力争取下，马歇尔公司总经理终于同意试销两台索尼彩电，不过条件是，如果一周之内卖不出去，卯木肇要马上将彩电搬走。

没想到，一周之内两台索尼彩电成功卖了出去，至此，索尼彩电终于挤进了芝加哥的商店。随后，进入家电的销售旺季，短短一个月内，马歇尔卖出七百多台索尼彩电，索尼和马歇尔获得了双赢。

有了马歇尔这只"带头牛"开路，芝加哥的一百多家商店都开始销售索尼彩电。不出三年，索尼彩电在芝加哥的市场占有率达到了30%。

卯木肇没有放弃，关键时刻，他并没有像那些前任负责人一样逃避问题、推卸责任、不愿承担，而是勇敢地直面问题，最终通过自己的不懈努力，成功让索尼彩电打入了美国市场。不难发现，卯木肇是一个极具责任感的员工，这种强烈的责任意识让他看到自己也是责任链条上的一环，唯有公司健康有序地发展壮大，自己才能拥有美好幸福的明天。

第一章 | 没有做不好的事，只有不负责的人

身为企业的一员，我们要多花点心思培养自己对工作的责任意识，一定要当好责任链条上的这一环，避免成为危及企业的害群之马。

要做"最好的员工"，就得对工作"真心实意"

责任愈大，机会愈多。谁承担了最大的责任，谁就拥有最多的机会。工作没我们想的那么可怕，成功也没有我们想的那么难。只要愿意去付出并敢于承担责任，愿意为自己的工作努力，我们就能做出业绩，取得成功。

1920年的一天，一位12岁的小男孩正与他的伙伴们玩足球，一不小心，小男孩把足球踢到了邻近一户人家的窗户上，一块窗玻璃被击碎了。一位老人立即从屋里跑出来，勃然大怒，大声责问是谁干的。伙伴们纷纷逃跑了，小男孩却走到老人跟前，低着头向老人认错，并请求老人宽恕。然而，老人却十分固执，小男孩委屈地哭了。最后，老人同意小男孩回家拿钱赔偿。

回到家，闯了祸的小男孩怯生生地将事情的经过告诉了父亲。父亲并没有因为其年龄还小而放纵，他板着脸沉思着一言不发。坐在一旁的母亲为儿子说情，开导着父亲。过了不知多久，父亲才冷冰冰地说道："家里虽然有钱，但是他闯的祸，就应该由他自己对过失行为负责。"停了一

下，父亲还是掏出了钱，严肃地对小男孩说："这12.5美元我暂时借给你赔人家，不过，你必须想法还给我。"小男孩从父亲手中接过钱，飞快跑过去赔给了老人。

从此，小男孩一边刻苦读书，一边用空闲时间打工挣钱还父亲。由于他人小，不能干重活，他就到餐馆帮人洗盘子刷碗，有时还捡捡破烂儿。

经过几个月的努力，他终于挣到了12.5美元，并自豪地交给了他的父亲。

父亲欣然拍着他的肩膀说："一个能为自己的过失行为负责的人，将来一定会有出息的。"许多年以后，这位男孩成为总统，他就是里根。

后来，里根在回忆往事时，深有感触地说："那一次闯祸之后，我懂得了做人的责任。"

在任何一家企业，只要你勤奋工作，认真、负责地坚守自己的工作岗位，你就肯定会受到尊重，从而获得更多的自尊心和自信心。不论开始情况有多么糟糕，只要你能恪尽职守，毫不吝惜地投入自己的精力和热情，渐渐地你会为自己的工作感到骄傲和自豪，也必然会赢得他人的好感和认可。以主人翁和责任者的心态去对待工作，工作自然就能够做得精益求精。

如果想要在事业上有更多收获，取得更大的成功，那就去做一个负责任的人。伟大并不是来源于惊天动地的辉煌，它可能只是最初的一个小小的愿望，这个愿望是想要对社会做一点点事，是要承担一点小小的责任。就是这样"小"的一个出发点，最后却能让人越走越远，收获越来越多。这是因为一个责任感越强的人，收获的也就越多，拥有的机会也就越多，因此，他也是越容易成功的人。

乔治经过面试到一家钢铁公司上班，工作还不到一个月，他就发现了问题：每次炼铁的时候，很多矿石还没有得到充分的冶炼就被扔掉了。如果一直这样下去的话，公司无疑要遭受很大的损失，但是大家好像对这件事情都熟视无睹，乔治决定向负责人汇报这件事。但负责人不以为然，他认为乔治只是一个到厂不足一个月的普通工人，他所提的建议并不值得重视。而且，工厂的工程师都没有意见，可见不会有问题。于是，他对乔治的意见随便做了个记录，就让他回去了。

过了几天，乔治见问题并没有解决，就亲自找负责冶炼的工程师提出了自己的意见。工程师很自信地说："我们工厂的冶炼技术是世界上一流的，怎么可能会有这样的问题呢？"工程师是名牌大学毕业的高才生，同样不将乔治放在眼里。

虽然自己的意见没有被采纳，但是乔治不肯罢休，他想了想，从那些扔掉的还没有冶炼完全的矿石里面拿出一块来，去找公司负责技术的总工程师。见到总工程师之后，他将手中的矿石拿给他看，然后说："先生，我认为这是一块没有冶炼好的矿石，您认为呢？"

总工程师仔细地看了看，说："不错，这块石头里的含铁量很高。你从哪里得来的？"

乔治说："这是我们公司炼铁剩下的。"

总工程师大为吃惊，他简直不敢相信会有这样的事。他向乔治了解了事情的整个经过，然后和乔治一起到车间查看。原来是机器出现了问题，才导致了冶炼的不充分。

总工程师将这件事汇报给了总经理。第二天，总经理来到车间，宣布任命乔治为负责技术监督的工程师，这让乔治也觉得很意外。

在任命乔治后，总经理感慨地对周围的工人说："我们公司并不缺少工程师，但是却缺少负责任的工程师。这么大一个工厂，如此多的工程师，却没有一个人发现这个问题。当有人提出问题的时候，他们还不以为然。对于一个企业来讲，责任感比任何人才都更重要。"

每个人在工作中都希望能够不停地升职，不停地增加薪水，可事实上并不是所有人都能如愿以偿。有些人在工作中能够如鱼得水，独当一面；有些人却在工作中平平淡淡，碌碌无为。到底怎样才能在工作中收获更多？相信每个身在职场的人和将要步入职场的人都想知道答案。

通过对职场现状的研究，我们不难发现，那些有责任感，有使命感，愿意付出，积极承担责任，有问题不推脱，有困难不逃避的人总能在工作中收获成功。简而言之，对工作负责才能取得好的业绩。遗憾的是，并不是每个人都能深刻理解这个道理，因为责任贯穿在工作的方方面面。做到对工作负责远比用嘴巴说说自己愿意负责难得多。行胜于言，在工作中，尽力去做一个负责的员工，对自己的工作负责，让老板赏识，让机会降临，你会在工作中收获更多，成功也会变得越来越容易。

不要将自己该做的事推向他人，不要将今天该做的事推向明天，越逃避越失败，越失败的人越习惯逃避。因为很多时候，并不是我们选择成功，而是我们做了我们该做的事，承担了属于我们的责任，成功才来得水到渠成。

责任胜于能力

在实际的工作中，一个员工的能力再强，如果他做事不够有负责任，那他就不能出色地完成任务，为企业创造价值；而一个员工如果自身的责任感很强，即使他能力稍逊一筹，通过努力，他也能够完成任务。所以，从某种程度上来说，责任比能力更重要。

事实证明，如果能带着强烈的责任感去工作，人们完全可以在实践中逐步提高自己的工作能力，从而将手头上的工作越做越好。

另外，现代职场非常讲究分工合作，如果我们自身具备强烈的责任感，就算能力稍有不足，最终也可以通过与其他同事的合作成就自己的一番事业。反之，如果一个人对工作缺乏必要的责任感，精神不振作，精力不集中，不明确自己承担的责任，不理解自己肩负的使命，即使他学识再广、素质再高、能力再大，也不堪重用。

有一位年轻护士第一次担任手术室责任护士。就要开始缝合伤口了，护士清点完器械和纱布后，着急地对外科大夫说："大夫，你只取出了11块纱布，可我们用了12块。"

"我已经都取出来了，"外科大夫断言说，"我们现在就开始缝合伤口。"

"不行!"年轻护士阻止说,"我们用了12块纱布。"

"由我负责好了,"大夫严厉地说,"缝合!"

年轻护士激烈地抗议说:"你不能这样做,我们要为病人负责!"

就在这时,大夫微微一笑,举起他手中的第12块纱布,然后称赞她说:"你是一位合格的护士。"

显然,他是在考验年轻护士是否具有强烈的责任感、是否对自己的工作负责。

现在各行各业广纳贤才时,条件上都会注明"有责任感"这一条。可想而知,责任对于我们每位员工来说有多么重要。所以,我们应该不断提升自我的责任意识,努力做一个勇于负责任的好员工。要知道,当今社会并不缺乏有能力的人,既有一定能力同时又对工作勇于负责任的人,才是每位管理者想要的人才。

松下幸之助曾经说过:"对产品来说,不是100分就是0分。"在他看来,任何产品只要存在一丝一毫的质量问题,都意味着失败。其实,这句话放在员工身上也是非常合理的,如果一个人对待工作认真负责的程度达不到100分,那他就是名副其实的"零分"员工。

众所周知,德国人向来以严谨闻名于世。对此,国内一家房地产公司的老总曾回忆道:"1987年,一个与我们公司合作的德国公司的工程师,为了拍项目的全景,本来在楼上就可以拍到,但他硬是徒步走了两公里爬到一座山上,连周围的景观都拍得很到位。当时我问他为什么要这么做,他只回答了一句:'回去董事会成员会向我提问,我要把这整个项目的情况告诉他们才算完成任务,不然就是工作没做到位。'"

这位德国工程师的个人信条就是:"我要做的事情,不会让任何人操心。任何事情,只有做到100分才是合格,99分都是不合格。"

相信这位德国工程师的个人信条让很多人目瞪口呆,因为大部分人在工作上从来没有如此严苛地对待自己。现实的情况是,企业里的很多员工都是做一天和尚撞一天钟,在工作上一点儿也不追求精益求精,对于领导交代的任务,往往选择随便应付了事。

常言道,千里之堤,溃于蚁穴。这句话并没有夸大其词,要知道,现实工作中出现的很多问题,往往都是因为我们缺乏必要的责任感,在一些小事上没有做到位。

工作无小事,我们若想将工作做到尽善尽美,就必须努力加强责任意识,坚决拒当"差不多"员工,认真对待工作中的每件事。

一个商店老板需要招聘一个小伙计,他在商店的窗户上贴了一张招聘的广告——"招聘:一位能自我克制的男士。每星期35美元,优秀者可以拿55美元。"

每位求职者都要经过一个特别的考试。小伙子罗伯特看到广告后也前来应聘,他忐忑地等待着,终于,轮到他出场了。

商店老板问道:"你能朗读吗?"

"能,先生。"罗伯特认真答道。

"你能读一读这一段吗?"商店老板把一张报纸放在罗伯特面前。

"可以,先生。"

"你能一刻不停顿地朗读吗?"

"可以,先生。"

"很好，跟我来。"商店老板把罗伯特带到他的私人办公室，然后把门关上。紧接着，他把这张报纸递到罗伯特手上。

朗读刚一开始，商店老板就放出一只可爱的小狗，小狗跑到罗伯特的脚边，蹭着他的小腿嬉戏玩闹。在这之前，许多能力比罗伯特要强的应聘者，都因受不住诱惑去看可爱的小狗，视线离开了朗读材料，因此而被淘汰。但是罗伯特始终没有忘记自己的任务，他知道自己当下是求职者，所以他成功抵制住诱惑，一口气读完了那段文字。

商店老板很高兴，他问罗伯特："你在朗读的过程中有没有注意到你脚边的小狗？"

罗伯特如实答道："我有注意到，先生。"

"我想你应该知道它的存在，对吗？"

"对，先生。"

"那么，为什么你不看它一眼呢？"商店老板好奇地问道。

"因为你告诉过我要不停顿地读完这一段文字。"

"你总是能信守自己的诺言，对工作认真负责吗？"

"的确是，我一直在努力地去做，先生。"

听完罗伯特的回答后，商店老板在高兴地对罗伯特说道："你被录取了，你就是我想要找的人。"

通过这个故事，我们可以清楚地看到，罗伯特之所以会打败那些能力出众的应聘者，全要归功于他自身强烈的责任感。不可否认，智商的高低、经验的多寡在工作中固然重要，但关键还在于我们是否有强烈的责任感。

在平时的工作中,我们经常会听到有人这样说:"用中等的人才,可以办成上等的事情,而用上等的人才,却不一定能够办成中等的事情。"其实,这句话中蕴含的道理并不难理解,归根结底还是一个人有无责任感的问题。

总之,工作能不能做到完美,能力永远不是最重要的,关键还在于我们是否对工作尽职尽责。毫无疑问,那些具备强烈责任感的员工,总是把企业的利益视为自己的利益,他们会因为自己的所作所为影响到企业的利益而感到不安,所以加倍地鞭策自己,努力肩负起自己的职责,处处为企业着想。

所以,不论从事什么工作,也不论职位高低,我们都要深刻认识到,责任远比能力更重要。为了早日获得成功,我们每个人都要竭尽全力提升责任意识,争当一个对工作负责任、对岗位有责任感的优秀员工。

第二章
在责任面前，没有旁观者

躲得了责任，躲不了后果

在平时的工作中，谁也不希望出现失误，但人有失手，马有失蹄，一旦做错了事，我们还是不能选择逃避责任。要知道，躲得了责任，躲不了后果。

相信不少人曾陷入这样的误区：以为工作出现差错时，找借口为自己竭力开脱，就能成功躲避责任，从而保全自己。可事实并非如此，不管哪一家公司的老板，往往都能允许员工犯错，却不能容忍员工找借口推卸责任。

在老板看来，一个员工对待错误的态度可以直接反映出他对工作的负责程度。一个称职的员工，对于自己的工作就该一路负责到底，就算工作出了纰漏，也应该承担起属于自己的责任，而不是随便找个借口为自己开脱。

正如艾克松集团副总裁爱德·休斯所说："工作出现问题是自己的责任的话，就应该勇于承认，并设法改善。慌忙推卸责任并置之度外，以为老板不会察觉，未免太低估老板了。我不愿意让那些热衷于推卸责任的员工来做我的部下,这会使我不踏实。"诚然,当员工把事情办砸的时候,老板希望听到的绝不是"我不知道事情会变成这样""我已经尽力了""这不是我的错"等诸如此类的话。当然,或许工作出现问题真的不是我们的错,但我们不能抱有这样的态度,任何时候我们都应该直面问题,并想办法解决问题。

总之,躲避责任对任何一个人来说都是百害而无一益的,这不仅会影响我们的职场前途,还会让我们在旁人心中落得一个"毫无责任感"的名声。

小黄是一家家具销售公司的部门经理。有一次,他听到一个消息:公司高层决定安排他们部门的人员到外地去处理一项难缠的业务。他知道这项业务非常棘手,要想妥善处理,并不容易,所以,小黄提前一天请假。

第二天,领导安排任务,恰好他不在,于是,领导便直接把任务交给小黄的助手,让他的助手转达。当助手打小黄的手机向他汇报这件事情时,小黄便以自己生病为借口,让助手替自己前去处理这项事务。而处理这项事务的具体操作办法,他在电话中也教给了助手。

半个月后,事情办砸了,小黄怕公司高层追究自己的责任,便以自己告假为由,谎称自己不知道这件事情的具体情况,一切都是助手自作主张。他心想,助手是总裁安排到自己身边的人,出了事,让他顶着,在公司高层面前还有一个回旋的余地。假若自己来承担这件事的责任,恐怕自己会有被降职罚薪的危险。

当总裁知道事情的来龙去脉后,便立马辞退了小黄。无奈之下,小黄只好收拾东西离开了公司,从此,他在这个圈子的名声一落千丈,很多同行公司不愿意聘用他这样不负责任、不愿担当的员工。

小黄一心以为自己能逃避责任，推卸担当，却没想到躲来躲去，最后都躲不掉被炒鱿鱼的糟糕结局。其实，对于他而言，最糟糕的还不是被公司开除，而是弄砸自己的名声，活生生切断了自己另谋他职的退路。

所以，若想成为一名优秀的员工，我们在工作中一定要努力避免推卸责任，逃避担当，不管遇到什么问题，都要拒绝找借口，主动承担起自己应负的责任。要知道，只有勇于承担责任，勇于担当，我们才能变得更加优秀。

现如今，老板越来越欣赏那些不逃避责任、勇担责任的员工，因为只有这样的员工才能使人信赖，老板可以放心地把工作交给他们。如此一来，他们的能力就能得到充分的发挥，同时，也为公司创造出巨大的经济效益。

小孟来到汽车公司工作已经半年多了，一天，公司经理向他提出了一个要求："从现在开始，监督新机器设备的安装工作就由你负责，但是你不会加薪，你能接受吗？"

小孟有些惊讶，因为他从来没有接受过这方面的训练，对图纸一窍不通。按理说，经理也应该知道他不是这方面的专家，可经理为什么会这样安排呢？小孟突然意识到，这也许是经理给自己的一次考验。

所以，虽然经理说不会给他加薪，但小孟还是决定试一试。

很快，他就利用自己建立起来的人脉，找了一些专业人员做安装，结果提前一个星期完成了任务，而且他还从中学到了许多新的知识。

经理对他的工作表现非常满意，当下就给他加了薪。后来，经理笑着对他说："当我给你布置任务时，我当然明白你看不懂图纸，但是假如你那时随意找个借口把这项工作推掉，别说加薪了，我可能当下就会把你辞掉。因为在我的认知中，一个不敢承担责任的人，我是无法对其委以重任的。"

美国前总统亚伯拉罕·林肯曾说："逃避责任，难辞其咎。"作为企业的一员，我们只有勇担责任，不去寻找任何借口，才能在公司中有所发展。否则，我们躲得了责任，逃不掉后果，最后只能眼睁睁看着自己被职场抛弃。

借口是事业成功的绊脚石

著名成功学者皮鲁克斯有一句经典名言："借口，误人、害人！"这短短的六个字，向我们每个人直接道明了借口的危害。

借口的危害确实是巨大无比的，它会在不经意间慢慢地蚕食我们的诚实和自信、我们的热情和积极性、我们的责任意识和危机意识，最终摧毁我们的执行能力。可以毫不夸张地说一句，对于我们每一个在职场打拼的人来说，借口永远是我们事业成功的绊脚石。

众所周知，西点军校是世界上培育高效能军人的地方。两百多年来，西点军校培养出了三位总统、五位五星上将、3700名将军及无数的精英人才。

不仅如此，大批西点军校的毕业生在企业界也获得了非凡的成就。可口可乐、通用公司、杜邦化工的总裁都出身于西点。某知名商业年鉴的资料显示，第二次世界大战以后，在世界500强企业里面，西点军校培养出来的董事长有一千多名，副董事长有两千多名，总经理、董事有五千多名。

罗斯福在几十年前就指出："在这整整一个世纪中，任何学校都没有像西点这样，在我们的民族最伟大公民的光荣史册上写下如此众多的名字。"

我们不禁要问，西点军校隐藏着怎样的秘密？其全部的秘密就在于"没有任何借口"。"没有任何借口"体现出的是一种责任、敬业的精神，一种服从、诚实的态度，一种完美的执行能力。正是秉持这一重要的行为准则，西点学子才成为勇担责任的人，才在社会各个行业取得了非凡的成就。

小程是一家机械设备公司的老员工，平时专门负责跑业务，他的业绩一直名列前茅。只是有一次，他负责的一个客户突然被别的公司抢走了，这无疑给公司造成了不小的损失。事后，他向老板解释说，因为自己的脚伤发作，所以才比竞争对手晚去了20分钟。其实，老板并没有因此而责怪他，因为知道他工作向来认真卖力。

老板的谅解让小程心生得意，他知道自己的脚伤并不严重，根本就不影响他的工作，只是他喜欢用这个当作借口，来为自己开脱罢了。有了这次的经历后，小程的胆子越来越大了，每当公司指派他出去联络一些难度较大的业务时，他都会拿脚伤当借口，说自己无法胜任这项任务。

公司老板刚开始还挺欣赏他的工作能力的，可他经常找借口推脱，时间一长，老板也就渐渐地将他忘了，总是将重大任务派给别的业务员去做。

小程见老板不再将一些困难的任务交给自己，心里还暗自庆幸自己的明智。他心想，这种费力不讨好的任务，谁爱做谁去做好了，到时完不成任务，那才丢人呢。

就这样，小程将大部分精力花在如何寻找更合理的借口上，一碰到难办的业务，他能推就推，好办的差事他能抢就抢。而不管什么样的业务，只要没有按时按质完成，他就会找出各种借口为自己辩解。

一年后，公司因业绩不好而裁员，小程也在被裁人员名单中。

这样的结果让小程很不满意，他冲进老板的办公室，想要讨个说法，老板却对他说："按理说，你以前的工作干得不错，可是你扪心自问一下，这一年你都干了些什么？业绩一落千丈，张嘴就是借口。"

小程刚要张嘴说些什么，可老板根本不给他辩解的机会："你不要再跟我找什么借口了，这一年我已经听够了，你到财务办手续去吧。"

当工作出现问题时，如果我们以某种借口为自己开脱，慢慢我们就会逐渐养成一种凡事找借口推卸责任的坏习惯，借口会成为我们事业成功的绊脚石，只会让我们成为一个一事无成的人。

著名行为学家乔治·弗兰克认为："世上的借口有多种多样，但每一种借口都会给人致命一击。在人生和工作的各个环节中，学会拒绝借口则是非常重要的。"一个人若是在工作中不小心犯了错误，最好的办法就是老老实实地认错，而不是去寻找借口为自己开脱。

松下集团的创始人松下幸之助就是一个从不找借口推卸责任的人，他不仅如此要求自己，他也不允许员工为工作上的失误寻找任何借口。

在他看来，整个松下集团若想从上到下建立起一种敬业、负责的工作风气，那每一位员工就必须大胆地承认自己的错误，承担起自己该有的责任。正是因为这种"不找借口，绝不推卸责任"的工作态度，松下集团才成为日本企业的翘楚。

其实，承认错误和承担责任远远没有我们想象中的那么难。我们都知道，一个人做事不可能一辈子都一帆风顺，工作出现问题是在所难免的事儿。这个时候，如果我们能不找借口，不推卸责任，反而在错误中检讨自己，吸取经验教训，那我们不仅能收获老板、同事以及客户的谅解，还能保证下一次在工作中不出现任何纰漏。

大卫是一家商贸公司的市场部经理，他曾犯了一个错误，没经过仔细调查研究，就批复了一个职员为纽约某公司生产5万部高档相机的报告。等产品生产出来准备报关时，公司才知道那个职员早已被"猎头"公司挖走了。那批货如果一到纽约，就会无影无踪，货款自然也会打水漂。

大卫一时想不出补救对策，一个人在办公室里焦虑不安。这时，老板走了进来，他的脸色非常难看。还没等老板开口，大卫就立刻坦诚地向老板讲述了一切，并主动认错："老板，这是我的失误，我应该承担所有的责任。请相信我，我一定会尽最大的努力挽回损失。"

老板被大卫的坦诚和敢于承担责任的勇气打动了，于是答应了他的请求，并拨出一笔款，让他到纽约去考察一番。经过努力，大卫联系好了另一家客户。一个月后，这批照相机以比那个职员在报告上写的还高的价格转让了出去。为此，老板感到非常高兴，他不仅表扬了大卫，还立马给他升职加薪。

遇到问题，一流的人会去找方法，末流的人才会找借口。其实，不找借口找方法体现的正是一种负责、敬业的工作精神，一种诚实、主动的工作态度，一种完美、积极的执行能力。我们每个人都要像故事中的大卫一样，当工作出现差错，一定要竭尽全力去找到解决问题的方法，而不是四处寻找借口推卸责任。

如果一个人遇到困难时不是去努力克服困难，而只知道找借口推卸责任，这样的人很难成为一名优秀的员工。我们找的借口再好，最后也改变不了我们"没有成功"的结局，所以，无论什么时候，我们都万万不能让借口成为我们成功路上的绊脚石。

敢于负责让你脱颖而出

在工作中，遇到问题，我们是选择敢于担当，承担责任，还是找借口逃避呢？如果我们选择承担责任，担当精神就会鞭策我们走得更远；如果我们找借口退缩逃避，借口就会将我们推到悬崖边上。

在生活和工作中，我们经常会听到有些员工把这样或那样的借口挂在嘴边，比如，睡懒觉导致上班迟到，他们会有"路上塞车""家里出了急事""闹钟没响"等做借口；事情办砸了，给公司带来损失，他们会有"我已经尽力了""别人没提供援助""事情太复杂"等做借口。总之，做不好一件事情，完不成一项工作，统统不是自己的责任，随便一招手，自有成千上万个借口严阵以待，随时准备响应他们、声援他们、支持他们。

日本的零售业巨头大荣公司中曾流传着这样的一个故事。

两个很优秀的年轻人毕业后一起进入大荣公司，他们被同时派到一家大型连锁店做一线销售员。一天，这家店在核账目的时候发现所交纳的营业税比以前多了好多，仔细检查后发现，原来是两个年轻人在报税时将营业额多打了一个零！于是，经理把他们叫进了办公室，当经理问到他们具体情况时，两人彼此看着对方，无话可说，因为账单就在眼前，任何辩解都是无用的。

一阵沉默之后，两个年轻人开口了，其中一个解释说自己刚上岗，所以有些紧张，再加上对公司的财务制度还不是很熟，所以才发生这种事情。而另一个年轻人却没有为自己分辩，他只是对经理说，这的确是他们的过失，他愿意用两个月的奖金来补偿，同时他保证以后再也不会犯同样的错误。

走出经理室，最先说话的那个年轻人对后者说："你也太傻了吧，两个月的奖金就这样没了，那工作岂不是白干了？这种事情咱们新手随便找个借口就推脱过去了。"后者听了后，只是笑了笑，什么话都没说。

后来，公司里有好几次培训学习的机会，每次都是那个勇担责任的年轻人获得了这样的机会。另一个年轻人坐不住了，他跑去质问经理为什么这么不公平。经理没有对他做过多的解释，只是对他说："一个事后不愿承担责任，而只知道找借口逃避的人，是不值得团队信任的。"

当工作出现差错时，我们以为自己能依靠借口躲过风风雨雨，却没想到老板早已看清我们那点儿伎俩，从此再也不愿意对我们委以重任。

没错，任何借口的实质都是在推卸责任，逃避责任，在责任和借口之间，一个人的选择可以体现出他的工作态度。在一个讲究高效合作的工作团队中，如果有成员为自己的工作失误寻找借口，那无疑是对整个团队的不负责任，这样的成员只会给团队带来负面影响。

我们在工作中遭遇的任何挑战，都是推动我们不断奋发向上、不断提升自我的强大动力，只有意识到这一点，我们才会真正改掉遇事就找借口的坏习惯，最后选择勇担责任，沉下心来寻求解决问题的方法。

福特汽车公司是美国创立最早、最大的汽车公司之一。1956年，该公司推出了一款新车，尽管这款汽车功能都很好，价钱也不贵，但奇怪的是，竟然销路平平。

公司的管理人员急得就像热锅上的蚂蚁，但他们绞尽脑汁也找不到使产品畅销的方法。这时，福特汽车公司里一位刚刚毕业的大学生对这个问题产生了浓厚的兴趣，他就是艾柯卡。

当时，艾柯卡是福特汽车公司的一位见习工程师，他的工作本来与汽车的销售业务毫无关系。但是，公司老总因为这款新车滞销而着急的神情，却深深地印在他的脑海里。他心想："只要是有关公司利益的事情，就都是我的责任。"

于是，艾柯卡开始不停地琢磨，究竟该怎么做才能让这款汽车畅销起来呢？终于，他想出了一个好点子。就在大伙儿都为这事儿愁眉不展之际，艾柯卡径直来到总经理的办公室，恭敬诚恳地说道："总经理，我觉得咱们公司应该在报纸上刊登广告，广告的内容是：您只需花56美元就能买下一辆56型福特汽车。"

总经理对他的提议非常感兴趣，示意他继续说下去。原来，艾柯卡的建议是：不论谁买下一辆1956年生产的福特汽车，都只需先付20%的货款，余下部分可按每月付56美元的办法逐步付清。

艾柯卡的建议得到了采纳，"花56美元买一辆56型福特"的宣传广告引起了人们极大的兴趣。在短短的三个月中，这款汽车在费城地区的销售量从刚开始的倒数第一位变成了第一位。

而艾柯卡也因此受到公司领导的赏识，很快，总部就将他调到华盛顿，并委任他为地区经理。后来，艾柯卡又根据公司的发展趋势，不断采用一系列富有创意的营销策略，使得福特汽车的销量稳步上升。

可以看到，"花56美元买一辆56型福特"的广告宣传，不但打消了很多人对车价的顾虑，还给人留下了"每个月才花56美元就可以买辆福特车，实在是太划算了"的印象。艾柯卡确实特别有智慧，而这一切都要归功于他的勇担责任。我们对待工作的态度是决定我们能否将工作做好的关键。换句话说，只要我们能勇敢地承担起责任，选择负责，不逃避，不退缩，把寻找借口的时间和精力用到努力工作中去，那我们每个人都有机会在事业上取得成功。

摒弃应付工作的心理

在两性关系中，很多女性宁愿选择一个只有10元钱却愿意为她花10元钱的男性，也不愿意选择一个有100元钱却只愿意为她花50元钱的男性。在她们看来，前者有心暂时无力，是可以谅解的"能力问题"，而后者却有力无心，是无法原谅的"态度问题"。

其实，在某种程度上，企业选择员工的标准和女性选择伴侣的标准不谋而合，总是倾向于选择那些态度端正的人。因为只有这样的员工，才不会在工作中抱有应付工作的心理，不管在何种情况下，他们都会将事情做好。

有一匹马，它每天的任务是驮着货物跟随主人到各地去贩卖，但是这匹马对自己这种生活很不满意，它总是抱怨个不停，不是怨天气太热，就是怪东西太重。它觉得自己每天工作十分辛苦，非常委屈。

有一天，这匹马驮着一大包糖，随着主人到城里去，一路上，它依旧唠叨个不停。虽然嘴里不断地在唠叨，可是，活儿还是得干！当它经过一座独木桥时，可能是因为心情不好，所以重心没有抓稳，一个不小心，它掉进河里去了。

它的主人赶紧把它拉上岸来，起来后，它顿时觉得背上的东西轻了很多，因为糖碰到水，一大半都被溶化了。于是，这匹马认为自己是因祸得福，非常高兴。

过了几天，这匹马又经过这座独木桥，因为上次的甜头犹存心中，所以它就故意摔下河去。它一面摔下去，一面还在想："我马上就可以解脱了。"

谁知道，这次非但没有像上次一样减轻负重，背上的货物反而加重了许多。这匹马越想越觉得不对劲，就问主人为什么。它的主人轻轻拍着它的头，忍俊不禁道："宝贝马呀，你真是自作聪明。上一次你背的东西是糖，糖碰到水，很容易溶解掉，所以越来越轻；可是这一次你背的是棉花，棉花碰到水，不但不会溶化，反而会吸收水分，所以你才会觉得越来越重。"

有没有发现，故事中的这匹马像极了当今企业里的一部分员工，他们做事懒散、马虎、潦草，每次工作都要别人三催四请，威逼利诱，如果没有人监督和鞭策，他们只会随便做做样子，应付一下领导。毫无疑问，这种敷衍心理严重影响了他们的工作效率和工作质量，严重者还会给企业带来不可估量的损失。

有位哲人说过："轻率和疏忽是旗鼓相当的瘟神。"其实，这两者恰好都是喜欢应付工作之人最常犯的毛病。而在人类的历史上，则充满着由于轻率和疏忽而酿成的可怕惨剧，这值得我们每一个人在工作中引以为戒。

1986年1月28日，美国的"挑战者号"航天飞船刚升空就发生了爆炸，包括两名女宇航员在内的七名宇航员在这次事故中罹难。

调查结果显示，此次事故之所以会发生，是一个O型密封圈在低温下失效所致。失效的密封圈使炽热的气体点燃了外部燃料罐中的燃料。

尽管在发射前夕有些工程师警告不要在气温11.6摄氏度以下时发射，但是由于发射计划已经被推迟了五次，所以警告未能引起足够重视。这次事件是人类航天史上最严重的一次载人航天事故，一些人员对技术人员的建议敷衍了事，结果却造成七名宇航员遇难，直接经济损失12亿美元。

总之，用心工作，最大的受益者永远是自己；而应付工作，最大的受害者也必定是自己。对工作敷衍了事的人，不只是工作起来效率特别低，他自己还会成为自己发展和进步道路上的最大敌人。

为什么这么说呢？因为一个人应付工作，到头来只会给别人留下做事不负责任的坏印象，从而很难获得领导的信赖和重用，最后自然也就无法在职场上为自己挣得一席立身之地。

小陶大学毕业后，进入一家外企工作，工作没多久，同事们都夸他聪明机灵。只要老板在公司，小陶确实表现出一股机灵劲儿，工作起来总是特别卖力，干完自己的工作，他还会热心地帮助其他的同事做一些自己力所能及的事情。

看到小陶表现那么出色，老板打心眼里感到高兴，他觉得小陶是一个不错的小伙子，年轻肯干，对工作颇有担当精神，并打算过段时间提拔他。可是，只要老板不在，小陶就觉得自己应该松口气，好好放松放松。

所以，每当老板有事外出，他就会趁机做些与工作无关的事情，比如上网聊天、读报纸、看杂志。哪知道，天下从来没有不透风的墙，他这种应付工作的心理终于还是被老板察觉到了。

有一天,老板刚出去就杀了个回马枪,当时小陶正在读报纸、喝咖啡,正好让老板逮了个正着。这下可把老板气坏了,他没想到自己心目中的对工作认真负责的好员工,竟然是这么一个偷奸耍滑之辈!一怒之下,老板当即就让小陶收拾东西结好当月工资走人,尽管小陶再三哀求,老板还是不愿意继续将他留在公司。

其实,像小陶这样的员工从头到尾对工作都在应付:上班要应付、加班要应付、领导交代的工作要应付、工作检查更要应付,甚至就连睡觉时也忙着要应付——想着怎么应付明天的工作。

不难发现,应付工作正是员工缺乏责任感的一种表现。毫不夸张地说,一个人事业失败最大的原因就是他对待工作敷衍了事。因此,为了避免这种情况的发生,我们必须认真负责地对待工作,坚决摒弃应付工作的心理,努力做一个具有责任感的优秀员工。

第三章
不为责任找借口，勇于担当敢行动

用责任心对待工作

责任是一个人品格和能力的承载，是一个人走向成功必不可少的素质。在日常生活、工作中，有这样一类人，他们头脑聪明属于"聪明人"一类，但却工作平平，甚至常出纰漏，究其原因，大家的共同看法是，此人缺乏责任心。相反，另一类人并无过人之处，但做事却有着明确的目标，认真做事，诚实做人，与其共事的人也很信赖他。他们就是对人、对事、对工作有强烈责任感的人。

责任就是对自己要去做的事情有一种爱。责任是一切良好美德的表现和基础。有责任的人值得依赖，没有责任的人连一份普通的工作也很难得到，即使他有非凡的能力。责任心是做好一切事情的根基，责任心是成就自我的重要因素。

责任心是做一切工作的基础，当你开始对自己的工作负责的时候，生活也会发生翻天覆地的变化。那些勤奋、负责的员工往往会在工作中受益匪浅：在精神上，他们获得了愉悦和享受；在物质上，他们也获得了丰厚的报酬。相反，一个对工作敷衍塞责的人，往往是一个对工作毫无兴趣的人。将工作推给他人时，实际上也将自己获得快乐和信心的大好机会拱手送给了他人。

每一名员工都应该尝试热爱自己的工作，即使这份工作不尽如人意，也要竭尽所能去转变、去热爱它，并凭借这种热爱去担负起责任、激发潜力、塑造自我。事实上，一名员工对自己的工作越热爱，工作越负责，工作效率就越高。这时你会发现工作不再是一件苦差事，而是变成了一种乐趣。

要想掌控你的工作，就要有强烈的责任心。责任感是成就事业的根基，也是评价一个员工是否优秀的重要标准。一个没有责任感的人，失去了社会对他的认可，失去了周围人对他的尊重和信任，失去了锻炼自己的机会，失去了成为一名优秀员工的条件。而一个有责任的人，能够得到领导的欣赏，能够得到别人的信任。职场是最看重效果的地方，即使你再有能力，如果不够认真负责，也不可能创造出真正的价值，终将会被社会淘汰。

TNT北亚区董事总经理迈克·德瑞克对这一理念做了最好的贯彻。迈克起初只是TNT的一名普通业务员。在工作中，迈克总是积极主动做事，对工作负责，所以他的业绩很好。过了一段时间，迈克已经从销售员升职到大区销售经理。在迈克·德瑞克看来，世界领先的客户服务是实现公司快速增长的关键，这些带来成功的要素包括：可靠、有价值、持之以恒，还有负责到底。迈克·德瑞克多次强调："我们有信心提供给客户最好的服务。"

至今，迈克仍坚持每个星期都会跑到不同的城市去和一线的员工交

第三章 | 不为责任找借口，勇于担当敢行动

流，听取他们的意见，主动解决问题。他知道自己作为公司在亚洲区域的负责人，有责任为公司创造出更多的价值和利润，因此，他在任何事情上都用了100%的努力。

责任感可以是主动的，也可以是被动的。如果把责任感当作是被动的，时间长了我们就会觉得这是别人强加给自己的负担。然而，如果把责任感当作是主动的，我们就会主动积极地投入到工作中，勇敢地挑战自己。对于一个真正负责的人，他从内心想把一件事做好，即使在没有任何要求或命令他要去做的情况下，他也会积极主动去做。正如美国总统林肯所说，"人所能负的责任，我必能负；人所不能负的责任，我亦能负。"只有这样，你才能磨炼自己，求得更高的知识而进入更高的境界。

我们一定要谨记，责任感是我们做任何事情的基础。在工作当中，如果我们缺乏责任感的话，那么最后只能成为一个一事无成、浑浑噩噩的人。

因此，我们需要培养自己的责任感，并让它成为我们工作当中的最佳伙伴。拥有责任感是事业成功的基本条件。而"责任"就是知道你的职责所在，并努力完成它。因此，责任感能够帮助我们建立起一个个目标，有了目标我们就能清晰地知道自己在做什么，做到什么程度；有了责任，才能够不懈地努力坚持下去，并最终帮助我们在团队中实现自己的价值。

面对问题不找借口

责任,是工作的使命,是敢于负责的勇气,是责无旁贷的义务。责任既是一种严格自律,也是一种社会他律,是一切追求成功和进步的人们基于自己的良知、信念、觉悟,自觉自愿履行的一种行为和责任。

一个人生活和事业的发展都离不开责任的推动。在工作当中,有些人过度地强调能力的重要性,认为人必须要有能力完成自己的工作才能取得成功,把责任放在一个次要的位置上面。殊不知,对责任的忽视往往会影响一个人事业的长远发展。事实上,只有能力与责任共有的人,才是企业真正需要的人才。责任对个人及企业的重要影响难以估计,要真正把负责精神贯彻于整个工作和行动之中,让负责任成为人们的工作习惯,从而把握成功的先机。

詹姆斯是一家公司的财务人员,工作向来认真负责的他,有一次在给全公司的员工做工资表时,不小心给一个请了病假的员工定了全薪,忘了扣除他请假几天的工资。在意识到自己所犯的错误后,詹姆斯很快就找到了那名员工,告诉他这个月多发的钱要在下个月的工资里扣除。

没想到,这名员工却对詹姆斯说自己手头正紧,希望詹姆斯能分期扣除。但是如果真的这么做的话,詹姆斯就没有权力做决定了。因为这就意味着他必须得向老板请示，而这样一来，老板便会知道他所犯的这个错误。

詹姆斯深知，老板知道后一定会非常不高兴，可是他又认为这混乱的局面都是由于自己工作的疏忽而造成的，所以他必须负起这个责任。想到这儿，詹姆斯立马就去向老板认错。

当告诉老板他犯的错误后，老板的反应却让詹姆斯大感意外。老板竟然大发脾气地说这是人事部门的错误，当詹姆斯再度强调这是他的错误时，老板又大声指责这是会计部门的疏忽，当詹姆斯再次认错时，老板却向他竖起了大拇指："我就是想看看你承认错误、承担责任的决心有多大。事情我已经了解清楚了，你回去按照自己的想法把这个问题解决掉吧！"

从老板的办公室回来后，詹姆斯赶紧亡羊补牢，答应了那名员工的请求，彻底将自己的错误改正过来。从那以后，老板不但没有不再信任詹姆斯，反而更加器重他了。

当我们在工作中犯了错误，且知道责任不可推卸时，如果我们能勇敢地站出来，向老板承认自己的错误，并承担起自己该负的责任，从错误中吸取教训，努力将工作做好，那我们就能得到老板的谅解，重新开启事业的春天。

每个人在工作中都希望能够不停地升职，不停地增加薪水，可事实上并不是所有人都能如愿以偿。有些人在工作中能够如鱼得水，独当一面；而有些人却在工作中平平淡淡，碌碌无为。到底怎样才能在工作中收获更多？相信每个身在职场的人和将要步入职场的人都想知道答案。

通过对职场现状的研究，我们不难发现，那些有责任感，有使命感，愿意付出，积极承担责任，有问题不推脱，有困难不逃避的人总能在工作中收获成功。简而言之，对工作负责才能取得好的业绩。遗憾的是，并不是每个人都能深刻理解这个道理，因为责任贯穿在工作的方方面面。做到对工作负责远比用嘴巴说说自己愿意负责难得多。行胜于言，在工作中，尽力去做一个负责的员工，对自己的工作负责，让老板赏识，让机会降临，你会在工作中收获更多，成功也会变得越来越容易。

不要将自己该做的事推向他人，不要将今天该做的事推向明天，越逃避越失败，越失败的人越习惯逃避。因为很多时候，并不是我们选择成功，而是我们做了我们该做的事，承担了属于我们的责任，成功才来得水到渠成。

责任越大，机会越多。谁承担了最大的责任，谁就拥有最多的机会。工作没我们想的那么可怕，成功也没有我们想的那么难。只要愿意去付出并敢于承担责任，愿意为自己的工作努力，我们就能做出业绩，取得成功。

没有解决不了的问题，只有不负责的人

能力是一个人做好事件的条件，但责任感却是一个人成功的基石。有了基石，才能更好地做事，所以责任比能力更重要。当一个人听从内心中

职责的召唤并付诸行动时，才会发挥出他自己最大的能量，也能更迅速、更容易地获得成功。一个没有责任心的人，不会花心思想如何将工作做到完美，因为他们只想尽快做完工作，更不会对自己提出任何高要求。

进取心是一种极为难得的美德，它能驱使一个人主动地去做应该做的事。一个有进取心的人，永远不会满足于现状，而只会坚持不懈地向着目标奋斗。

不难想象，人类如果没有进取心，社会就永远不会进步。正如鲁迅先生所说："不满是向上的车轮。"社会之所以能够不断地发展进步，一个重要的推动力量，就是我们拥有这只"向上的车轮"，即我们常说的进取心。积极进取，始于一种内心的状态，当我们渴望有所成就的时候，才会积极主动地冲破限制我们的种种束缚。

在这个世界上，没有一个成功人士是不求上进的。正因为他们从不满足于当下的工作，所以他们总是不断地努力。为了拥有一个更大的舞台，为了成就一番骄人的事业，他们愿意倾尽所有，不断奋发向上。

拿破仑•希尔曾经聘用了一位年轻的小姐当助手，替他拆阅、分类及回复私人信件。当时，她听拿破仑•希尔口述，记录信的内容。她的薪水和其他从事相类似工作的人基本相同。

有一天，拿破仑•希尔口述了下面这句格言，并要求她用打字机把它打下来："记住：你唯一的限制就是你自己脑海中所设立的那个限制。"

当她把打好的纸张交还给拿破仑•希尔时，她说："你的格言使我有了一个想法，对你、对我都很有价值。"

其实，这件事并未在拿破仑•希尔脑中留下特别深刻的印象，但从那天起，拿破仑•希尔可以看得出来，这件事在她脑中留下了极为深刻的印象。

她开始在用完晚餐后回到办公室来，开始做一些并不是她分内且没有报酬的工作。她开始把写好的回信送到拿破仑•希尔的办公桌来。她已经研究过拿破仑•希尔的风格，因此，这些信回复得跟拿破仑•希尔自己所写的一样好，有时甚至更好。她一直保持着这个习惯，直到拿破仑•希尔的私人秘书辞职为止。

当拿破仑•希尔开始找人来补私人秘书留下的空缺时，他很自然地就想到了这位小姐。因为在拿破仑•希尔还未正式给她这项职位之前，她其实就已经主动地做了这个职位的工作。这位年轻小姐的办事效率太高了，因此，她引起其他人的注意，别的地方开始提供很好的职位给她。拿破仑•希尔已经多次提高她的薪水，她的薪水现在已是她当初来拿破仑•希尔这儿当一名普通速记员薪水的四倍。她使自己变得对拿破仑•希尔极有价值，因此，拿破仑•希尔不能失去她这个帮手。

这位年轻小姐对待工作的积极进取，不仅让她成功拿下秘书的职位，薪水翻了好几倍，还让她成了一位抢手的员工，连老板拿破仑•希尔都担心她会另谋高就。

这个故事告诉我们一个道理：一个人越是不满足当下的工作，在工作上越是积极进取，他就越容易登上成功的巅峰。

所以，身为员工，我们对待工作一定要积极进取，不能总是被动地等待别人来告诉自己应该做什么，而是应该积极主动地去了解自己应该做什么、还能做什么、怎样才能做得更好，然后全力以赴地去完成。

强烈的责任感能激发一个人的潜能。无论你从事什么样的职业,只要你能认真地、勇敢地担负起责任,你所做的就是有价值的,你就会获得别人的尊重和敬意。只要你想、你愿意,你就会做得更好。

工作就要解决问题

通过观察那些在职场中获得成功的人,我们不难发现,这些人不论做什么事情,都是"身在其位,心谋其事",认认真真把本职工作做到位,所以,他们往往能在平凡的岗位上做出不平凡的业绩,也正因为如此,他们总能在职场中获得就梦想的机会。

只有忠实地对待自己的工作,忠诚地对待企业,充分地使自己发挥出应有的作用,才能巩固你现有的位置。在老板的眼中,永远不会有空缺的位置。如果你想与自己的位置保持一种长期性的关系,那么你就应"在其位,谋其事",坚持把工作做到位。

每个职位,对企业的生死存亡都起着至关重要的作用。如果有哪位员工在其位而不能谋其事,那么其所在位置的运作就会出现问题。而当一个位置的价值得不到充分体现时,就会直接削弱整个企业的生命力。

在现实中,我们发现,有些员工"身在其位,心谋他政",眼睛盯着更好的职位,慨叹自己空有一身才华却无处发挥,在抱怨中度日。这样的员工是不称职的,而且还会错过很多宝贵的发展机会。

在其位就要谋其事，这是一个人负责任的最好表现，说明你对自己所从事的工作有信心和热情。只要你认准了目标，有一份自己认同的工作，那么就要认真努力地去做。在努力工作的过程中，你会熟悉技艺，并锻炼出稳健、耐心的性格。同时，你踏实工作的作风，也会赢得同事的认同、老板的欣赏，这些反过来又会促进你工作的提升。

汤姆是一家汽车公司的区域代理，他每年所卖出去的汽车比其他任何经销商都多。甚至销售量比第二位要多出两倍以上，在汽车销售商中，实属重量级人物。

当有人问及汤姆成功的秘诀时，他坦言相告："有一件事许多人没能做到，而我做到了，那就是我建立了每一位客户的销售档案，我相信销售真正始于售后，并非在货物尚未出售之前。"

汤姆每个月都会给客户寄一封不同格式、不同颜色信封的信（这样才不会像一封"垃圾信件"，在还没有被拆开之前，就给扔进垃圾桶），顾客们打开信看，信一开头就写着："祝你今天好心情，愿你天天好心情！"结尾写道："祝你天天快乐，汤姆敬贺。"

顾客们都很喜欢这些卡片。汤姆自豪地说："我给所有的顾客都建立了档案，我会根据他们的兴趣爱好的不同，分别给他们寄不同的卡片。而且，给同一客户寄的卡片中，也绝不会有雷同的卡片。"汤姆通过这些细致的工作，赢得了良好的口碑和很多回头客，而且很多顾客还介绍自己的朋友来汤姆这儿买车。

应当指出，汤姆的这些做法绝不是什么虚情假意的噱头，而是一种爱心、一种责任感、一种高明的销售技巧的自然流露，更是把事做到位、做到细节上的具体体现。

汤姆说:"真正出色的餐馆,在厨房里就开始表现他们对顾客的关切和爱心了。当顾客提出问题和要求时,我会尽全力提供最佳服务。我必须像个医生一样,他的汽车出了毛病,我也为他感到难过,我会全力以赴地去帮他修理。我见到老顾客如同见到老朋友一样自然,我要了解他们,至少不会一无所知。但是如果没有档案的帮助,在重见他们时我肯定会像与陌生人头回见面一样,重复一些不必要的麻烦,心里的距离感也会拉大,这将极不利于我的销售工作。"

如果你正在为留住客户而感到有些力不从心,你是否也试着从一些细节入手呢?虽然寄卡片是一件很小的事情,但它却给汤姆带来了巨大的利益,不但使他成了销售的榜样,也让他特别开心。因为他带给了顾客温情,自己也感受到了快乐。

有许多人往往不肯把事情做得全心全意、尽职尽责,只用"足够了""差不多了"来搪塞了事。结果因为他们没有把根基扎牢,所以没多久,便像一所不坚固的房屋一样倒塌了。而成功的最好方法,就是做任何事都全心全意、尽职尽责。做任何事都全心全意、尽职尽责,不但能够使你迅速进步,并且还将大大地影响你的性格、品行和自尊心。任何人如果要瞧得起自己,就非得秉持这种精神去做事不可。全心全意、尽职尽责是追求成功的卓越表现,也是生命中的成功品牌。如果一个职业人士在工作中技术精湛、本领过硬、态度严谨,那么他必定能出类拔萃、脱颖而出。

美国独立企业联盟主席杰克•法里斯,13岁时在父母的加油站工作。

法里斯想学修车，但父亲安排他在前台接待顾客。当有汽车开进来时，法里斯必须在车子停稳前就站到车门前，然后忙着去检查油量、蓄电池、传动带、胶皮管和水箱。法里斯注意到，如果自己干得好，大多数顾客还会再次光临。于是，法里斯总是会多干一些活，如帮助顾客擦去车身、挡风玻璃和车灯上的污渍。

有一段时间，一位老太太每周都开着车来清洗和打蜡，但车内地板凹陷极深，很难打扫。而且，这位老太太每次在法里斯为她把车准备好后，都要再细致地检查一遍，经常会让法里斯重新打扫，直到车内没有一缕棉绒和灰尘，她才满意地离开。终于，有一次，法里斯无法忍受了，他觉得这位老太太很难打交道，不愿意再为她服务。这时，他的父亲告诫他说："孩子，你要时刻牢记，这是你的工作！不管顾客说什么或做什么，你都要认真负责而且以应有的礼貌去对待顾客。"

父亲的话让法里斯受益匪浅，且对他的一生都影响深远。法里斯曾说："正是加油站的工作使我了解了严格的职业道德和应该如何对待顾客。这些东西在我之后的职业经历中起到了非常重要的作用。"

全心全意，尽职尽责。既然选择了这份工作职业，就应该接受它，努力地做好——这才是成为职场最可贵员工的必要条件之一。令人遗憾的是，有些员工总是被动地适应工作，工作上的事向来得过且过。他们固执地认为自己在其他领域或许更有优势，更有光明的前途，从而导致他们无法把全部的热情与精力投入到工作中。还有一部分员工盲目追求高薪酬和舒适的工作环境，蓦然回首，才发现自己在碌碌无为中虚度了年华。

而那些选择全心全意、尽职尽责工作的人，或者拥有了一技之长，或者拥有了丰富的管理经验，分别成为各个领域里的"专家"，企业里的"一把手"。试想，有哪个企业不喜欢这些在其位谋其事、勇于负责任的员工呢？

所以，无论从事什么工作，只要已经着手了，就千万不要心猿意马，过度沉迷于那些不切实际的诱惑中。否则，今天消极怠工的代价，就是明天踏上寻找工作的征程，这代价未免太大了。全心全意、尽职尽责地工作，把该做的工作做到位，并且精益求精。把以前有过的欠缺和空白补上，而且要比你的同行和前辈做得更多，要比自己和他们的预期做得更好，要使老板对你的表现赞叹不已。这样，你自然就会得到更多的回报。

第四章
责任是心，忠诚是魂

忠诚是一种职业道德

忠诚不仅仅是个人品质的问题，更会关系到企业和组织的利益。忠诚有着其独特的道德价值，并蕴含着极大的经济价值和社会价值。一个秉承忠诚的员工，能给他人以信赖感，让他人乐于接纳。在赢得他人信任的同时，他也容易为自己的职业生涯带来意想不到的好处。一个企业的经营不需要能力超群的人，但却需要对企业忠诚的品德高尚的人。

优秀的员工会将忠诚作为一种职业生存方式。既然选择了为某个企业工作，那就要忠诚于它。你的忠诚，迟早会得到应有的回报。

什么是忠诚呢？忠诚既是人的外在表现，也是内心要求。外在表现是忠，内心要求是诚。尽心于人是忠，不欺于己是诚。忠，是对企业利益的真心呵护；诚，是在维护企业利益上的言行一致。

作为员工，企业给我们提供了工作、福利待遇，给了我们安身立命、成长成才的平台，那么，试问，我们对企业的忠诚度有多高呢？

忠诚度，是考量员工素质的尺子。企业兴衰成败，与员工的忠诚度紧密相连。企业发展壮大，除了要有一个运筹帷幄，一心把企业引领到快速健康发展轨道上的决策层外,还要有许许多多心系企业、爱岗奉献的忠诚员工,忠于职守、爱企如家。

企业要想发展好,就需要无论是哪个层面的员工,都将对企业忠诚放在第一位。共同的忠诚,能使人心往一处想,劲往一处使;共同的忠诚,能使人不生贪欲之心,廉洁奉公;共同的忠诚,能使人互相关爱,温暖每一个员工的心。

那么,怎么做才是忠诚于企业呢?

一方面,要切实履行自己的岗位职责,这是对企业忠诚的核心内容。在自己的岗位上兢兢业业,恪尽职守,在企业创造经济效益、树立社会形象、培养人才中竭尽自己的智慧和力量。

另一方面,要有强烈的责任感,自觉维护企业的合法利益。在企业利益即将遭受损害时,自己要勇于挺身而出,有多大力出多大力;要把心思用在企业建设上,为企业发展添砖加瓦。最后,要将个人的发展与企业的发展结合起来。企业是个人发展的平台,要勤学苦练,把自己的业务做深、做精,并力争达到一专多能,成为企业建设的栋梁之材。

尤其是在企业遇到危难的时候,要能够与企业患难与共、同舟共济。在企业需要的时候,要能够舍小家顾大家、不计得失、乐于奉献。企业拥有了忠诚的员工,才能兴旺发达;企业兴旺发达,员工才能生活得舒心畅意。

每个企业的发展和壮大都离不开员工的忠诚。只有全体员工对企业心怀忠诚,大家才能心往一处聚,劲往一处使,发挥出团队的力量,使企业更快地驶向成功的码头,员工自己也能获得更大的成就感。

一家原本经营效益还不错的公司突然陷入了前所未有的危机。老板觉得很对不起员工，就向员工宣布："公司的资金周转暂时出现了困难。如果有人想辞职，我会立即批准。如果是在过去，我会极力挽留大家的，可现在，我已经没有挽留的理由了。公司还可以给大家多发一个月的薪水，在你们找到新的工作之前，这些钱还可以支撑一些日子。如果你们继续留下来，可能就连薪水也领不到了，我不能误了大家的前途。"

"老板，我们不能走，我们不能在这个时候离开。"一个员工说。

"老板，不要灰心，我们一定能共同渡过难关的。"另一个员工也说。

"是的，我们大家都不愿意走。我们还有一些积蓄，这段时间我们可以先不领工资。"很多员工都表明自己的态度。

于是，全体员工各司其职，上下一心，共同努力，公司经营情况很快就有所好转。

后来，这家公司不但没有倒闭，反而比以前做得更好。再后来，这家公司的老板实行了新的薪金分配制度，给那些和公司一同闯过难关的人分红。

在用人时，企业不仅仅看重个人能力，而且更看重个人品质，而品质中最关键的就是忠诚度。在这个世界上，并不缺乏有能力的人，那种既有能力又忠诚的人才是每个企业渴求的理想人才。企业宁愿信任一个能力一般但忠诚度高的人，也不愿重用一个朝三暮四、视忠诚为无物的人，哪怕他能力超凡。

你忠诚地对待你的企业，企业也会真诚地对待你；你的敬业精神增加一分，别人对你的尊敬就会增加两分。哪怕你的能力一般，只要你真正表现出对企业的忠诚，你就能赢得企业的信赖，企业就会愿意在你身上投资，给你培训的机会，提高你的技能。

我们要认可企业的运作模式，保持一种和企业同命运的事业心。即使出现分歧，也应该树立忠诚的信念，求同存异，化解矛盾。当上司和同事出现错误时，坦诚地向他们提出来。当企业面临危难时，与它共渡难关。

员工对企业的忠诚是一个企业发展的力量来源，也是个人成长的力量，是一种稳中求进的方式，因为每个企业的发展和壮大都是靠员工的忠诚来维持的。如果所有的员工对企业都不忠诚，那这个企业的结局就只能是破产，那些不忠诚的员工也自然会失业。所以，企业的命运和员工的命运是紧密相连的。

忠诚并不仅仅意味着不背叛你的老板。忠诚更多的内涵是，你对老板的信任与欣赏，对企业前景的乐观估计，对周围环境的感激，对企业在风雨中前行的由衷敬意。换言之，就是对企业的关切，或者说是对企业的爱。只有爱你的企业，你才会对它忠诚，你才能与企业融为一体。只有企业发展了，你才能发展。

忠诚固然不是只强调一方就能让人满意的，但它毕竟是一方对另一方的单向承诺与付出。也许你的上司是一个心胸狭隘之人，不能理解你的真诚，不珍惜你的忠心，那你也不要因此而产生抵触情绪。上司是人，也有缺点，也可能因为太主观而无法对你做出客观的判断，这个时候你应该学会自我肯定。只要你竭尽全力，做到问心无愧，你就会在不知不觉中提高自己的能力，争取到未来事业成功的砝码。

忠诚于企业最基本的一点就是绝对不能做有损于企业的事，不要背叛你的企业。很多人在职场中一直都是抱着"骑驴找马"的心态，先保留好自己的实力和能力，好像很怕自己的能力用错地方形成浪费，又好像很怕自己的能力越发挥越少，因此他们对于自己的付出斤斤计较，总是希望能够等到真正值得他们全力以赴时才愿意付出。有这种心态的人，会抱着"领多少工资就做多少事"的心态做事，而且做事也是照着自己的标准在做，而不是按照企业的标准在做。他们还会把企业当成是过渡时期的"旅店"，对事不认真，对物不珍惜，对人不感恩，眼中只有自己，总在寻找下一个工作。

忠诚是企业的需要，也是个体的需要，个体依靠忠诚立足职场。忠诚不是一种纯粹的付出，忠诚能带给你有丰厚的回报，个体是忠诚最大的受益人。虽然你通过忠诚工作所创造的大部分价值并不属于你个人，但你将在职场上变得更具有竞争力，你的名字也会因此而变得更具含金量。

员工要对企业忠诚

忠诚是对自己职业的无限尊敬，能够为自己的职业而奋斗不息。当怀有这样的忠诚之心时，你会毫无怨言地付出。当你真正付出后，会收获到来自心底的快乐。因此，要在工作中认真踏实地做好每件小事，不为自己留有遗憾。

如果说智慧和勤奋像金子一样珍贵的话，那么还有一种东西更为珍贵，那就是忠诚。忠诚不仅仅是品德范畴的东西，它更是一种生存的必备品质。

如果一个人失去了对企业的忠诚，那他也就失去了做人的原则，失去了成功的机会。

这个世界并不缺乏有能力的人，那种既有能力又忠诚的人才是每一个企业渴求的最理想的人才。那些忠诚于老板，忠诚于企业的员工，都是能尽心尽力去工作的员工，他的忠诚会让他达到常人想象不到的高度。

忠诚并不是任何一个企业强加给员工的，而是员工自始至终都必须具备的一种职业道德。也就是说，从员工身上所体现出的忠诚，并不是对某个企业或者某个人的忠诚，而是一种职业的忠诚，是承担某一责任或者从事某一职业所表现出来的精神。

如果你在职场上能够将对领导个人的忠诚，升级为对企业的忠诚，那你的地位就会更加稳固了。然而，想要做到对企业的忠诚，并不是一件容易的事情。作为员工，我们更应该在职场中培养自己的忠诚意识，让自己成为一名忠诚于企业的员工。

惠普公司有一位叫戴蒙的工程师。他所在部门的工作是研发一种新的显示器。戴蒙和同事们一起拼命工作，但项目进展不大。突然有一天，他们接到公司通知，领导让他们放弃这个研发计划。

同事们接到这个通知，都停下了手里的研发项目。但是，戴蒙不但没有放弃研发，反而加快了进程。他熬夜做好模型。在去夏威夷度假时，他向那里的游客展示自己的模型，征求他们的意见。结果出乎戴蒙的意料，许多人对他的模型非常感兴趣，都纷纷询问这种产品何时上市。大家的积极回应更坚定了戴蒙继续研发下去的决心。

不久，公司总经理知道戴蒙依然没有放弃这个项目后，亲自下令让他停掉这项研发。但戴蒙依然没有听。他又熬了几个通宵，将产品设计好。然后，他走进总经理办公室，想方设法说服总经理将这种显示器投入生产。

结果，总经理被他的执着打动了。这种产品投入市场后，销售直线上升，为公司赚取了上千万美元的利润。在年底召开的员工大会上，总经理亲自为戴蒙颁奖，对他的执着精神表示鼓励和奖赏。

真正的忠诚不是对领导的忠诚，而是对企业的忠诚。只有对企业忠诚的人才会将企业的事情当成自己的事情，才会对自己负责，对企业负责。在工作中，我们也要一门心思扑在自己的工作上，不要在意领导怎么看自己，更不要在意别人的看法。

毕业后，小卫和小刘一起到了一家计算机软件公司，负责办公软件的设计开发。这个公司的规模不是很大，注册资金只有10万元。他们之所以愿意去，一是背井离乡急于安身，二是因为老板许诺给他们公司股份。老板比他们大不了几岁，看上去完全是一副书生模样，态度很诚恳。

可是，他们进公司后才知道，连这10万元注册资金可能都有水分，更要命的是，产品没有品牌，只好赊销，还常常收不回货款，因为资金储备少，渐渐地，公司连员工的工资都无法按时发放。

三个月后，小卫动摇了，劝小刘也不要干了。小刘也有些动摇，但是一看到老板每天没日没夜地奔波和诚恳的眼神，又不忍开口了。他想，反正自己还年轻，就算帮帮老板，即使以后公司垮了，也算积累点儿人生经验吧。结果，小卫走了，小刘决定留下来。从那以后，小刘就成了老板的左膀右臂。不久，公司资金链条断裂，濒临绝境，留下的几个人也走了，只剩下小刘和老板两个人。

老板对小刘说："委屈你了，哥们儿。"小刘乐观地对老板说："什么也不用说了，只要你一天把公司开下去，我就一天不离开这里。"他们同吃同住，无话不谈，成了真正的患难之交。

半年后，老板筹集到了新的资金，公司重新运转。由于产品质量上去了，买家愿意先付款，公司的局面一下子打开了，他们终于掘到了自己的"第一桶金"。

接下来，公司开始招兵买马，发展壮大，仅短短的几年时间，就成为行业内大名鼎鼎的软件公司，小刘也被提拔为公司的副总兼技术总监。

后来，老板问小刘："老弟，你知道我为什么能这样支撑下来吗？"

小刘说："因为你是打不垮的，否则我也不会留下来。"

老板却说："不，其实当人们纷纷离我而去的时候，我就想关门了。可是，你让我找回了信心，我想只要有一个人留下，就证明我还有希望。我知道，当时如果你走了，我肯定会支撑不下去的！"

最后，为了感谢小刘在最黑暗的日子里带给自己的光明、希望和勇气，老板给了他公司10%的股份。

现实中，我们有时不得不将自己的现实利益放在最重要的位置。但是，我们毕竟也是有血有肉的人，也会在某一个阶段遇到许多难处，也希望有人能够雪中送炭，而不是釜底抽薪。站在这个角度上去考虑，作为企业的员工，我们不应该在企业遇到困难，急需人手的时候选择离开，这就是一种忠诚。这种忠诚也许不会立即给我们什么现实利益，但这必将为我们赢得多数人的赞誉，并获得更大的财富。

对于员工来说，忠诚能带来安全感。因为忠诚，我们不必时刻绷紧神经；因为忠诚，我们对未来会更有信心。员工忠于企业最直接的行为就是融入企业，和企业成为一个共同体。一个人一旦成为某个企业的一员，他事实上就接受了企业既定的规则、惯例、人际关系等。他接受这一切，并将它们变成自己的价值观念；他把"忠于企业"变成了一种信仰的原则，并据此看待他人。可以说，这种忠诚是牢不可破的。

作为员工，应该与企业的经营理念保持一致，遵守企业的生产经营方式，为企业发展出谋划策，与企业同舟共济，始终坚持企业利益为先。

忠诚是人类最重要的美德之一。忠诚是件无价之宝。那些忠诚于企业、忠诚于老板的员工，都是企业重视、老板重用的员工。这样的员工，懂得珍惜自己的工作，能够积极地为企业献计献策。而且，在危难时刻，忠诚会显现出它更大的价值。

自觉维护企业荣誉

企业荣誉会促使一个人能够认真对待工作，逃避一切借口，并且规避一切不利于公司的行为。为了集体荣誉，我们会更好地与企业的其他成员合作，融入集体。可以说，荣誉感是一个企业的灵魂。

声誉是一家企业极其重要的无形资产，是企业的脸面，也是企业内每一个员工的脸面。别以为维护企业声誉只是上司和老板的责任。每一位员工，都要像爱护自己的脸面一样爱护企业的声誉，保护企业的品牌。

良好的企业形象是一种财富，具有巨大的吸引力。我们知道，许多名牌企业、名牌商品的无形资产是难以估价的，它远远超过了其本身的价值，它在社会生活和生产竞争中占有明显的优势。一个企业良好的组织形象，可以为它的产品消费者创造充足的消费信心，可以帮助它吸引社会资金，找到可靠的原材料供应渠道和满意的合作伙伴。

良好的企业形象是一笔巨大的无形资产，一个企业拥有良好的企业形象，不仅可以得到社会公众的信赖，而且能激励企业内部员工的士气，并形成良好的工作氛围。

企业荣誉为先，只有企业有了荣誉，自己才会有更高的荣誉。一个只有个人荣誉的人终将会被这个社会淘汰。所以，员工应站在更高的角度关心企业的发展，要有统观全局、服从全局的思想，将企业荣誉放在第一位，追求整体效应。

一个成熟的员工必须具备集体荣誉感，并且努力使这种自觉成为习惯，在日常工作中自觉维护集体的声誉。比如接打电话时，即使老板不在你身边，也应该注意语气，体现出你的素质与水平，展示企业的形象。微笑着平心静气地接打电话，会令对方感到温暖亲切。不要认为对方看不到自己的表情。其实，你在打电话的语调中已经传递出是否友好、礼貌、尊重他人等信息了。也许正是因为你不经意的冷淡和鲁莽，吓走一个潜在的客户，使企业利益遭受不必要的损失。

卡特是某知名饮料公司的营销经理。MBA毕业后，他来到一家公司，从一名普通职员干起。如今已经做到了部门经理的位置，成为公司出色的员工之一。卡特非常喜欢现在的工作，因为这份工作充满了新奇与挑战，更因为公司环境氛围好，使他在这里工作很快活。

时间如白驹过隙，十年的时光一转眼就过去了。十年后的某个周末，卡特终于可以闲下来了。他陪着妻子去逛超市。妻子每次逛超市，都要满载而归才能尽兴，而他则跟在后面"卖苦力"。

逛着逛着，卡特看见自己公司销售的饮料品种齐全，顾客众多，摆在卖场最显眼的位置，这使他心里涌出一种自豪感。突然，卡特发现，一箱饮料的商标上有一道非常刺眼的划痕，看起来很不舒服，很显然是卖场员工在搬运时不小心划的。他将这箱饮料挪到其他饮料的后面。但转念一想，前面的饮料卖完后，它又会露出来，依然会被顾客看到。想到这里，他干脆把这箱饮料放到购物车上，自掏腰包买回家去。

妻子发现后，问卡特："家里已经有足够多的饮料（每月公司都会给员工发饮料），为什么还要买它呢？"卡特指着商标上那道划痕说："这是我的脸，脸上有污痕，会给别人留下不好的印象！"

我们从这个例子中看到的是一个热爱工作、热爱企业的优秀员工，一个把团队荣誉与自我形象紧紧联系在一起的优秀员工。

菲利浦电器公司总裁曾说："目标、信念与人构成三位一体，形成企业形象，而企业形象，实质就是企业员工个人形象的集合。作为企业的一员，精心维护企业形象是责无旁贷的。"

我们生活在社会中，企业就像自己的名片一样。企业有了良好的社会声誉才能在激烈的市场竞争中得到生存和发展，个人的价值才能得到实现。如果企业的声誉、形象受到损害，那么个人的价值也同样会受到损害。而反观当今不少上班族，聚会时总是喜欢声讨各自企业的种种"不是"。

曾经有一个培训老师在"朋友圈"里诉说自己的各种苦闷，发表"做不完的工作，少得可怜的薪水，感觉度日如年"之类的文字。她的上级看到了，直接在她的"朋友圈"发表评论："既然如此难受，你为什么不辞职？"

这个上级的评论可谓一针见血。心存不满，可以找上级沟通解决，解决不了，甚至可以通过相关部门来仲裁，何必在网上散发不利于企业声誉的信息？这不仅损害了企业的声誉，同时也损害了自己的职业声誉。这样的员工，试问哪家企业愿意接收？

随着社会的发展，各个领域不断被细化，工作各个触角深不见底，人与人之间的交流日益增多，社会已经成为一个相互交错的网，相互依存。

当今社会，每个美好的事物背后都有他人的力量，荣誉也是这样。每个人一生都会取得各种荣誉，每一个荣誉背后都有很多人的支持和陪伴，它是团队智慧的结晶。一个人的荣誉体现着团队荣誉，而团队荣誉是个人荣誉的基础和归宿。

一旦你加入了某个企业，你和企业的命运就紧密地拧在了一起，企业的兴衰荣辱也就是你的兴衰荣辱。团队给外界的形象，是你们的产品，而产品是由人生产出来的，归根结底，你的一言一行都代表着这个集体。

维护企业形象的前提是树立荣誉感，以企业为荣，以成为企业的一员为荣。在热爱企业的问题上，一个优秀的员工不仅应时刻秉持这样的观点，更要落实到行动上。如果你仅仅把企业当作谋生的场所而缺少这种荣誉感甚至厌恶你的企业，那么离开也许是最好的选择。在这种心态的支配下，可以断定你不会做出什么成绩。

优秀员工总是会把企业声誉放在第一位，无论何时何地都最大限度地维护它。他们懂得：员工与企业的关系就如同手足和身体，不能只看到自己，而应站在更高的角度关心企业的发展。即便是离职，而且是在不欢而散中离职，也没有必要诋毁原有的企业。这是一种成熟的态度，也是基本的职业操守。

保守企业的秘密

身处在职场之中，你应该忠诚于自己的公司，做一个能为公司保守秘密的人。不论处在什么样的职位，都有责任和义务为公司保守秘密。

作为员工，一定要守住企业的机密。不该问的不问，不该说的不说，企业的各种事情都不可以随便宣扬，要绝对守口如瓶。说出企业的机密是一种隐性的不忠诚，可以说是职场的定时炸弹。

现实生活中，总是充斥着各种各样的诱惑。一个优秀的员工永远不会被利欲所诱惑而做出违背道德原则的事情。如果一个人为了一丁点儿利益就出卖企业的话，那么这样的人在世界的任何角落都不会受欢迎，因为他出卖的不仅仅是企业的利益，还有他自己的尊严和人格。哪怕是从他手中获得利益的人，也会从心底里对他产生鄙夷。

某公司销售部李经理和高层发生意见分歧，双方一直未能达成共识，为此，李经理耿耿于怀，准备跳槽到另一家竞争对手公司。李经理一方面是出于私愤，另一方面是为了向未来的"主子"献殷勤，便想尽一切办法把公司不同区域的报价以及不同客户的报价通过微信、QQ、电子邮件告诉了下游客户，使得市场乱成一团，并引发了很多市场纠纷，从各地市场打来的电话几乎将公司电话打爆。这还不算，他还打电话给当地工商、税务，说公司的账目有问题，虽然最后查证无此嫌疑，但却给公司带来了很大的不良影响和损失。

收到自己满意的"成果"后，李经理去向竞争对手公司邀功请赏，没想到该公司老总见李经理是这般对待老东家，便开始担心：谁知道他以后会不会又如此对待自己的公司呢？身边有这样的一个人，不就像是埋下了一个随时可能爆炸的定时炸弹吗？谁还敢用？结果自然是没有录用他。

作为员工，不要忘了自己的角色：你需要为企业争得利益，一起发展，而不是为自己牟取私利。只有企业发达了，你才会跟着发达。有时企业与你个人在利益上也会发生冲突，这时，千万不要为了自己的利益而把企业利益置之度外。

忠诚是一条双行道。付出一份真诚，你将收获一份信任。不管你的能力是强是弱，一定要具备忠诚的品德。只有你真正表现出对企业的忠诚，你才能得到老板的信任。只有认为你是值得信赖和培养的，老板才会乐意在你身上投资，给你培训的机会，从而提高你的能力。

像很多成功的世界500强企业一样，微软公司也把员工视为最宝贵的资产。公司经常为它所雇用的忠实可靠的、致力于发展高质量产品、程序和业务的人才而感到自豪。在比尔·盖茨的微软公司，这个世界著名的"工作狂"的乐园里，员工的使命感相当强烈，求知欲极其旺盛，忠诚度也极高。根据业界调查显示，微软的人才流动率在IT业中是最低的，这与其独具特色的用人机制是分不开的。

比尔·盖茨曾总结出卓越员工要具备的"十大准则"，而在这"十大准则"中，他将"忠诚"列于榜首。在员工的忠诚度上，微软认为，员工的学识与经验都是可以通过后天补充的，而可贵的品质却绝非短时期内能够形成的。

作为一个员工，如果你能忠诚于你的企业，对工作负责，那么你肯定会获得成功。因为，由于你的忠诚和不断的努力工作，企业才得到了长足的发展。作为老板，最先赏赐的自然就是你。你为企业付出忠诚，企业也会用忠诚来回报你。你将会得到老板的赏识，这样你自然就能脱颖而出了。

现代社会的竞争压力日益加大，任何一家企业都面临着各种各样的危机与挑战。作为企业中的一名员工，只有能为企业保守住秘密，才是值得信赖的员工，才会受到企业的欢迎。对于那些不讲信誉，随便将企业秘密外泄的员工，无论走到哪里都是不会受到欢迎的。

一个被企业列为机密的东西就是这家企业赖以生存的根本。作为企业的员工，绝对不能因为一点点利润而出卖企业。无数事例表明，任何一个出卖别人的人、出卖组织的人都没有好下场。

尤其对于现在的商业时代来说，处处充满了忠诚的最大陷阱——诱惑，一不小心我们就会迷失自我。面对诱惑，不少人经不住考验，丧失了忠诚，出卖了一切，员工欺骗老板，企业欺骗消费者，一环欺骗一环，形成了一个恶性循环。殊不知，当你出卖同事，出卖老板，出卖一切的时候，也将自己给彻底地出卖了。

这是因为，当你没有能够守住底线，选择背叛的时候，你就会让你的周围产生严重的信任危机。结果，在大家的眼里，你就变成了一个不诚实、不讲信用的"叛徒"，一旦你给人以这样的印象，你就前途堪忧了。忠诚的人就是能为公司保守秘密的人。如果不能为公司保守秘密，就是对公司的一种不忠诚的表现。这样的人，即使再有才能，也不会被录用。

古今中外，人们对背叛者无不嗤之以鼻、口诛笔伐。稍微精明一点的企业老板，也都明白这个道理：一个员工，即使他很有能力，如果他今天能背叛A企业，明天出卖B企业，那后天一定会既背叛又出卖自己。

在中国，人们常说"知恩图报""投之以桃则报之以李"，最忌讳的就是"吃里爬外"。在职场上，不为企业保守秘密的员工不会受到其他企业的欢迎。如果你出卖了企业的机密，那极有可能会受到法律的制裁。因此，不管是从自身来讲，还是从职业道德来讲，都要努力做一个能保守秘密的员工。

忠诚于企业，忠诚于老板，实际上就是忠诚于你自己。每家企业的发展和壮大都需要员工的忠诚来维护。如果所有的员工都对企业不忠诚，那么企业必然会走向破产，那些不忠诚的员工自然也会失业。只有所有的员工都对企业忠诚，企业才能走向成功，员工才能发挥团队精神。也只有忠诚，才能使员工充分发挥自己的潜力，在各自的岗位上奋发进取，和自己的企业一起成功。

第五章
承担责任，履行职责是最好的感恩

感恩与责任是职业精神的源头

我们为什么要工作？

我们在为谁工作？

工作的意义是什么？

这么辛苦地工作，究竟值不值得呢？

这些涉及哲学层面的追问和思索，不时会浮现在员工、管理人员和企业经营者的脑海里，它们也是所有职场人士都无法回避的问题。

那么，究竟什么是工作，工作的意义又在哪里呢？

曾经在美国费城的大楼上竖起第一根避雷针，有着"第二个普罗米修斯"之称的富兰克林，说过这样一段话："我读书多，骑马少，做别人的事多，做自己的事少。最终的时刻终将来临，到那时我但愿听到这样的话：'他活着对大家有益'。"

活着对大家有益，这就是工作的意义——它为我们指明了方向，指引我们排除生活中的种种引诱和干扰，朝着既定的目标前进。如果我们能够明确感受到自己的工作对于他人的价值，我们就会从中感受到无穷的乐趣。

有一名叫阿楠的人，生下来就双目失明。长大以后，他子承父业，开始种花。他从未见过花是什么样子，只听别人说花是娇艳而芬芳的，他闲暇时就用手指尖触摸花朵、感受花朵，或者用鼻子去闻花香。他用心灵去感受花朵，用心灵绘出花的美丽。

他比任何人都热爱花，每天都定时给花浇水、拔草、除虫。盛夏时，他宁可自己晒着，也要给花遮阳；刮风时，他宁可自己顶着狂风，也要用身体为花遮挡……

"不就是花吗，值得这么呵护吗？不就是种花吗，值得那么投入吗？"很多人不理解他，甚至认为他是个疯子。"我是一个种花的人，我得全身心投入种花中，这是种花人应尽的职责！"他对不解的人说。正因为如此，他的花比其他所有花农的花都开得好，深受人们欢迎。

一个双目失明的人能够培植和呵护娇艳芬芳的鲜花，而现实生活中，我们在公园和公共场所时却常会看到鲜花枯萎、小草被践踏的景象，反思一下：是不是因为我们爱心和责任心的"失明"才导致这种现象出现的呢？

工作对很多人来说，只是谋生和养家糊口的手段，或者仅仅是出于一种非做不可的理由：因为职责的需要，因为制度的约束，因为习惯成自然……但是，他们自己从来没想过，工作是"眼睛能看见的爱"，是对生命的一份感恩与责任。如果每个人都认识到了工作也是一种爱，是爱自己、爱他人，是对生命的爱，那么，还会有谁对自己的生命不负责任呢？

爱是创造力和一切生命的源头，真正能够成就大事、留名青史的人无不是内心充盈着爱和责任，对生命满怀感恩与热爱。从"老吾老以及人之老，幼吾幼以及人之幼"到"先天下之忧而忧，后天下之乐而乐"，我们无不感受到爱与责任的光辉。

工作是生命的馈赠，是天职，是使命。如果能够怀着一颗感恩的心去工作，去帮助他人，为他人创造价值，那么我们不仅能感受到工作带给我们的外在价值和成就，还能体会到工作带给我们的内在幸福与和谐。

常怀感恩之心，就会使自己"三思而后行"，自重，自警，自励。可以说，那些在日后能成就大业，能把握自己命运的优秀人士，他们从来都是懂得感恩的人，并是具备强烈责任感和使命感的人。

大爱无声，责任无言。在高度分工的现代社会，在效率至上和业绩为王的时代，在日趋功利和浮躁的社会风气中，让我们牢记，感恩与责任是职业精神的源头，让我们的智慧和汗水在爱的奉献和责任的付出中闪光吧！

履行责任是发自内心的感恩行为

我们都知道：企业是由员工组成的，大家有共同的目标和共同的利益。企业里的每位员工都肩负着企业兴衰成败、生死存亡的重大责任，因此，无论职位高与低，都应具备较强的责任感。拥有较强的责任感就意味

第五章 | 承担责任，履行职责是最好的感恩

着你首先需要拥有一颗感恩的心。

在一些企业中，很多员工认为，我给老板办事，老板给我工钱，等价交换，谁也不欠谁的。对于能够参与这份工作，没有一丝的感恩之情，如此，必然会衍生不负责任的工作态度，因为他们永远也不会意识到：感恩才能让我们担当起应有的责任。

小赵是一家大型滑雪娱乐公司的普通修理工，也是一个懂得感恩的人，做什么事情都尽心尽力。这家滑雪娱乐公司是全国首家引进人工造雪机，能在坡地上造雪的大型滑雪娱乐公司。有一天深夜，小赵出去巡夜，看见有一台造雪机喷出的全是水，而不是雪，知道是因为造雪机的水量控制开关和水泵水压开关不协调而出现了这种毛病。他赶忙跑到水泵坑边，用手电筒一照，发现坑里的水快漫到动力电源的开关口了，若不赶快采取措施，将会发生动力电缆短路的问题，这将会给公司带来重大损失，甚至可能危及许多人的性命。在这种情况下，他不顾个人安危，跳入水泵坑中，控制住了水泵阀门，防止了水的漫延。接着，他又穿着全身是水的衣服，把坑里的水排尽，重新启动造雪机开始造雪。当许多同事赶过来帮忙的时候，他已经把问题处理妥当，这时候，他冻得浑身颤抖已走不动路了。老板闻讯赶来，连夜把他送入了医院。

小赵的英勇行动为公司避免巨大的损失，因此受到了公司的表扬和嘉奖，老板还把他从一名小小的修理工，提拔为公司部门经理。

事实证明，对于一个真正懂得感恩的人来说，履行责任是一件自然而然的事情。

心存感恩的人把工作看成一种恩赐、一种馈赠。因为接受了恩惠并且感恩，所以更加负责任，又因为更加负责任，从而带来了可喜的成果。因此，如果更多的人投入到"感恩—负责—感恩"的良性循环之中，工作中将会充满爱和感激之情，从而营造出和谐、美好的工作氛围。

有一个学习计算机的年轻人，大学毕业后四处求职，暑假过去了，他依然没有找到理想的工作，可是身上的钱却快用完了。

有一天，报纸上登出一则招聘启事，一家新成立的电脑公司要招聘各种电脑技术人员十名，但需要经过考试。年轻人感觉到机会来了，他在报名后就潜心复习，后来终于在三百多名报名者中脱颖而出。

在走上工作岗位后，年轻人才真正认识到自己的知识欠缺得太多。公司每晚要留值班人员，家住本市的同事都不愿意值班，他就索性搬到单位住，包揽了所有值班任务。公司关门后，他就在办公室拼命钻研电脑知识，比读大学的时候还勤奋。工作两个月后，他就已经成为公司的技术骨干了。

这时，年轻人的生活依然是艰难的，试用期三个月里每月只有几百元的工资，勉强够吃饭。可是这份工作来之不易，他懂得知足常乐的道理。他努力工作，表现得相当优秀。两年后，他考取了国际和国内网络工程师资格证书，成为一名网络工程师，得到公司领导的器重和同事们的好评。

几年过去了，随着公司的发展壮大，不到30岁的他凭借出色的业绩在这家公司拥有了很高的职位，并拥有了一定的股份，前景良好。当人们问起他的成功经验时，年轻人谦虚地说："其实也没什么，就是我懂得感恩。我知道这份工作来之不易，于是我每天都用几分钟的时间，为自己能有幸拥有眼前的这份工作而感恩,为自己能进这样一家公司而感恩。这样,我便有了前进的动力,再苦再累的活也难不倒我了。"

懂得感恩就意味着承担责任,没有责任感的学生是不懂感恩的学生,没有责任感的老师是不懂感恩的老师,没有责任感的员工是不懂感恩的员工。学习就要承担学习的责任,工作就要尽职尽责。感恩让人们从自己的内心深处萌生责任意识,是拥有感恩的责任意识让每一个人表现得更加卓越,更加优秀,更加受人尊敬。

没有责任的人生是危险的人生,也是痛苦的人生。人生因责任而充实,因责任而幸福!

因为我们感恩,所以负责;因为别人负责,所以我们感恩!

感恩让你担负起责任

在"感动中国人物评选"中,华中农业大学毕业生徐本禹放弃了自己读研究生的机会,在贵州农村支教的义举给我们以感动,让我们热泪盈眶。当徐本禹走上银幕时,我们内心的善良被唤醒;当徐本禹走进我们的视线时,人性的那份感动又一次被燃烧起来,这个原本该走入研究生行列的大学生,却义无反顾地从繁华的城市走到大山深处。就是这样平凡的壮举,湿润了每一个人的双眼,也点燃了每一个人内心未熄的火种。然而,让他做出这一抉择的理由却很简单：怀着一颗感恩的心，担负起自己应该担负的责任。

"因为别人帮了我，给我以感动，是感动让我懂得'感恩'，所以我要怀着感恩的心去帮别人，帮助那些需要我帮助的人，担当起我应该担起的那份责任。"就这么简单，却足以感动中国；就这么简单，却拨动了我们的心弦。感恩与责任，徐本禹用如此简单的话语和如此不简单的行动教会了我们都应懂得的道理。"因为别人帮了我，我肯定要帮别人。"这句耳熟能详的话帮助我们理解了感恩与责任的关系。感恩，作为一种精神、一种品质已成为徐本禹的精神动力。

在工作中，我们同样应该怀着感恩的心，因为老板信任并提供给我们一份薪水和一个工作平台，我们就应该责无旁贷地承担起所有的工作职责。

一个不负责任的员工往往会找很多的借口为自己辩解，从借口上分析，很容易将没有责任心的员工分离出来。一个有责任感的员工应时刻严格要求自己：责任面前没有任何借口。

很多人在出现问题之后常用的一个借口就是："我并不十分清楚我的责任，所以才没有把工作做好。"因为不清楚所以才没有做好，听起来顺理成章。可是在这个借口的背后却有一个非常严重的问题，那就是责任感匮乏。一个人一旦缺乏责任意识，那么缺乏的东西还会更多，比如工作的热情，工作的态度，工作的效率，以及对企业的忠诚度等。如果这样，给公司甚至给我们自己带来的损失将是不可估量的，所以，作为一个员工，有必要清楚自己的责任。

社会学家戴维斯说："放弃了自己对社会的责任，就意味着放弃了自身在这个社会中更好的生存机会。"

工作就意味着责任。每一个职位所规定的工作内容就是一份责任，你做了这份工作就应该担负起这份责任。因此，我们每个人都应该对自己所担负的工作充满责任感。

美国前总统杜鲁门上任后，在自己的办公桌上摆了个牌子，上面写着"问题到此为止。"意思就是说："让自己负起责任来，不要把问题丢给别人。"从某种角度来说，是负责精神成就了杜鲁门。

大多数情况下，人们会对那些容易解决的事情负责，而把那些有难度的事情推给别人，这种思维常常会让我们的工作面临失败的命运。有一个著名的企业家说："职员必须停止把问题推给别人，应该学会运用自己的意志力和责任感，着手行动，处理这些问题，让自己真正承担起自己的责任来。"

世上有许多事情是我们无法控制的，但我们至少可以控制自己的行为。如果不对自己过去的行为负责，我们就不可能对自己的未来负责。面对自己曾做过的事，我们应该做的是承担起自己的那份责任，而不是寻找借口逃避责任。

漠视责任是对感恩的最大亵渎

我们每个人必须承担和无法逃避的就是"责任"，因为责任使我们的人生变得有意义、有价值。尽管在承担责任的过程中，我们不可避免地要承担起压力和面对各种困难，但一个人一旦承担起责任，最终将会成为真正的职场强者。那些漠视责任、推卸责任的人则早已将感恩的情怀丢掉了，他们最终会成为被企业甚至社会所抛弃的对象。

小李是某集团公司的员工，自从进入公司后一直都努力工作，并取得了突出的成绩。老板非常赏识他，他成了老板跟前的"红人"。很快，他被提拔为销售部经理，工资一下子涨了两倍，还有了自己的专用汽车。

刚当上经理那阵子，小李还是跟未做经理之前一样努力，每件事情都做得尽善尽美。

"你犯什么傻啊？"不断有人这样对他说，"你现在已经是经理了，再说老板并不会检查你做的每件事情，你适当地放松一下自己，他也不知道啊！"

在多次听到别人说他"犯傻"的话后，小李也开始变得"聪明"了，逐渐学会了投机取巧，学会了察言观色和想方设法迎合老板。他不再把心思放在工作上，而是放在揣摩老板的意图上。如果他认为某件事情老板要过问，他就会将它做得很好；如果他认为某件事情老板不会过问，他就不会做好它，甚至根本就不做。

但是，"常在河边走哪有不湿鞋"，在公司的一次中高层领导会议上，老板发现小李隐瞒了工作中的很多问题，一怒之下，把小李解聘了。

诚然，老板不可能看到每一个员工的每一份成绩。但是，如果你养成了追求完美的习惯，并把每一件事都尽力做好，就可以保证老板所看到的全是完美的。到时候,老板自然会把你该得到的职位和报酬给你。可惜,小李后来没有意识到"真正的负责并非一时的负责,而是一世的负责"。

小李被解雇,原因不在于其能力不济,而在于他责任心不强。对责任的漠视使小李逐渐对公司失去了感恩之心,结果自己最终成了被企业所抛弃的人。

工作中,一个人要想赢得公司的信任和尊重,就应该怀有感恩之心,勇敢地承担起责任。一个人即使没有良好的背景、优越的地位,只要他能够认真负责地处理日常工作中的各项事务,就会赢得公司的敬重和信任。相反,一个人即使高高在上,却不敢承担应有的责任,不懂得感恩,丧失了基本的职业道德,就会遭到他人的鄙视和唾弃。可见,用感恩的心态去接受并承担起责任是多么重要!

我们生活在处处充满着责任的社会中,亲情缔造的责任让我们幸福,友情链接的责任让我们忠诚,爱情构筑的责任让我们感动。对这一切,我们都应当心存感恩,而不是漠视和推卸自己的责任,推卸责任会伤害我们的至亲至爱,漠视和逃避责任是对感恩之情的最大亵渎。

员工和企业之间是一种基于责任的契约关系,而不单单是一种利益上的关系。因为一个人工作不仅仅为了钱和为了生存,工作还是人生的一种需要,是个人实现人生价值的一个平台。工作和事业满足了个人自我实现的需要,而这是人最高层次的需要。同时,人们需要认同感和满足感,工作满足了人的这种需要。因此,我们应怀着一颗感恩的心,用自己的实际行动去担当责任,当我们带着一颗感恩的心去履行自己的责任时,我们的内心和人生也会因此而变得丰满和充实。

第六章
对结果负责，才算真正完成任务

工作不只是为了薪水

你的工作来之不易，所以我们应把珍惜自己的工作当成是一种责任、一种承诺、一种义务、一种使命。

时刻尽心尽责，将自己当作企业的主人，为自己工作的员工，会收获事业的成功与生活的富足。每一天，都要尽心尽力地工作；每一件小事情，都要力争高效地完成。自己主动地、尽心尽力地去工作，把工作做好，这也是实现自我、成就卓越的必经之路。

谁有资格不珍惜自己的工作呢？一份工作能带给你生存的快乐，体现你的价值，也是你生存的保障，是你幸福的源泉。工作值得好好珍惜，它是对你自身能力的最基本的肯定。

还记得曾在一家企业的墙上看到过这样一幅标语："今天工作不努力，明天努力找工作"，初看时觉得这句话非常残忍，但是深想一下，却觉得这是一句金玉良言。这句话更深刻的意义在于：我们每一天的平淡工作，就像一颗颗毫不起眼的石头，我们必须付出满腔热情、全力以赴，而不是尽力而为；我们要在工作中学习，在学习中进步。某一天，当机会来临的时候，我们一天天收藏起来的石头就会变成一颗颗耀眼的钻石，为我们带来无穷无尽的财富。

相信很多人都经历过穿梭在各大招聘会现场，"海投"简历却回音寥寥的情况，那么，此刻对于拥有一份工作的你来说，是不是感到自己很幸运呢？虽然有很多竞争者，但你拥有了这份工作，所以，你要懂得好好珍惜，不要轻易失去它。

要珍惜你的工作。也许你曾经是在工作上敷衍了事的人，如果你不再想频繁地更换工作，那么你唯一的出路就是踏踏实实地干好本职工作，并且争取干出一点成绩来。不管在什么单位，业绩都是你生存的基本硬件，同时也是让你赢得尊严，赢得信任的必要条件。如果你的业绩因为你的敷衍而一塌糊涂，那么也许你现在还没有失业，但是请不要忘了，老板不会永远养着一个闲人。为什么？请换位思考，如果你是老板，你愿意这样做吗？

现实的情况就是如此，即便你是企业主，在这个社会的大环境中，如果你不珍惜自己的工作，结局就是你必须重新去努力找一份工作。

如果你即将被工作抛弃，而你又特别想拥有这份工作，怎么办呢？你必须要清楚，不是人人都有一份工作，很多人已经把手伸到你的岗位上去了，稍有疏忽，你可能就将失去它。现在，许多地方遵循"赛场选马"的用人法则，实行竞聘上岗，优胜劣汰。有胜就有败，那么，什么样的人容易被淘汰呢？那种这山望着那山高，总想换到舒服的、有高薪的岗位，本职工作还没做好就急着找关系走后门，以达到自己目的的人将会第一个被淘汰。珍惜岗位是一种责任、一种承诺、一种精神、一种义务。只有珍惜岗位，才能爱岗敬业，尽心尽力地工作，尊重自己所从事的工作，才能精通业务，才能不被淘汰。

　　托尔斯泰曾经说过这样一句话，当幸福在我们手中的时候，我们并没有感到幸福的存在；只有幸福离我们而去，我们才知道它的珍贵。也许由于懈怠，你得过且过，最后当失去工作的时候，你才追悔莫及。

　　必须要懂得，工作是一种幸福，我们必须珍惜它。固然，我们会在工作中遇到各种各样的挫折和压力，我们也有气馁的时候，也有感到厌倦的时候，但是，这些都是我们应该面对的，相比工作带来的幸福，这些压力又算什么呢。要知道，每一份工作都不是简单的，一张报纸一杯茶混一天的时代早已过去。面对工作中的各种压力，只能调整自己的心态，用一种积极的态度，尽心尽力地去学习和工作。

　　不管你就业于哪个部门，身处哪个职位，都必须认识到，工作岗位不是为某一个特定的人而设置的，它是为那些具备了一定才能而且愿意工作的人而设置的。非常遗憾的是，很多人工作时不努力，总是在失业后才恍然大悟，在找工作的艰难中才想到自己以前应该好好工作，但是，为时已晚。更可悲的是，有些人不认为是自己错了，更多的是去责怪企业和领导。

　　我们要有忧患意识和危机意识，好好珍惜自己现在拥有的工作，在工作岗位上精心谋事、潜心干事、专心做事，把心思集中在工作上，把本领用在工作上。

重视自己的工作，用心解决问题

　　那些时刻尽心尽责，将自己当作企业的主人，为自己工作的员工，会收获事业的成功与生活的富足；而那些有着"为老板工作"这种思维方式的员工，他们最终所得到的却仅仅是一份微薄的薪水、一个赖以生存的手段而已。我们需要改变自己，让自己主动地、尽心尽力地去工作，把工作做好，这也是实现自我、成就卓越的必经之路。

　　人生活在世界上，当然离不开钱。我们人人都需要工作，但工作不能只为了薪水，这就像人活着不能只为了钱一样。"无论在什么地方工作，你都不应把自己只当作公司的一名员工——而应该把自己当成公司的老板。"这是英特尔公司前董事长安德鲁·格鲁夫的肺腑之言。

　　在我们身边，不少员工是抱着为老板做事的心态，认为"你出钱，我出力""我拿了钱做好自己分内的工作就行了"。这样的想法极其狭隘。我们在企业里不仅仅是为老板工作，同时也是为自己工作，因为我们不仅要从工作中获得报酬，还要从工作中学到更多的经验，而这些经验会让我们一生受用。

　　是的，我们是在为自己工作。不是因为薪水，也不是因为老板"要我做"，而是"我要做"。人生因工作而美丽，因工作而朝气蓬勃，因工作而有意义，因工作而无怨无悔。我们的成就感与幸福感，很大程度上都来自工作。

齐瓦勃出生在一个普通的小乡村，只受过短暂的学校教育。18岁那年，一贫如洗的齐瓦勃来到钢铁大王卡内基所属的一个建筑工地打工。

一踏进建筑工地，齐瓦勃就表现出了高度的自我规划和自我管理的能力。当其他人都在抱怨工作辛苦、薪水低并因此而怠工的时候，齐瓦勃却一丝不苟地工作着，并且为以后的发展而开始自学建筑知识。

在一次工作间的空闲时间里，同伴们都在闲聊，唯独齐瓦勃安静地看着书。那天恰巧公司经理到工地检查工作，经理看了看齐瓦勃手中的书，又翻了翻他的笔记本，什么也没说就走了。

第二天，公司经理把齐瓦勃叫到办公室，问："你学那些东西干什么？"齐瓦勃说："我想，我们公司并不缺少建筑工人，缺少的是既有工作经验又有专业知识的技术人员或管理者，对吗？"经理点了点头。

不久，齐瓦勃就被升任为现场施工员。同事中有些人讽刺挖苦他，齐瓦勃回答说："我不光是在为老板工作，更不单纯是为了赚钱，我是在为自己的梦想工作，为自己的远大前途工作。我们只能在认认真真的工作中不断提升自己。我要使自己工作所产生的价值，远远超过所得的薪水，只有这样我才能得到重用，才能获得发展的机遇。"

抱着这样的信念，齐瓦勃一步步升到了总工程师的职位上。25岁那年，齐瓦勃做了这家建筑公司的总经理。后来，齐瓦勃开始了创业，建立了自己的企业——伯利恒钢铁公司。这家公司后来成为全美排名第三的大型钢铁公司。

像齐瓦勃这种为自己工作的人，不需要别人督促，他们自己监督自己；他们不会懒惰、不会报怨、不会消极、不会怀疑、不会马马虎虎、不会推诿塞责、不会投机取巧。他们不仅在工作中锻炼与提高了自己的能力，还积累与建立了自己良好的信誉。这些东西是他们最宝贵的资产，是他们美好前途不可或缺的基石。

一家企业要想生存和发展，就必须有一些主动和负责的员工。可遗憾的是，这样的员工在企业中却并不多见，很多人都在不停地为自己找借口，比如"不是我不愿意主动些，而是我缺少机会"等。然而，工作中真的缺少机会吗？当然不是，尤其在当今这个时代，我们从来不缺少机会。而有的人却仍然说自己没有机会，为什么呢？因为这些人一直在守株待兔，总是期待着机会自己找上门来。他们完全没有意识到，机会再多也要靠自己去主动争取，如果总是被动等待，那最后自然什么也得不到。

在日本，有人应聘了一份工作。老板要求他一个人在厨房里，把每个盘子刷八遍。老板给的薪水不低，这个人很高兴，他认真地把每一个盘子刷了八遍，老板对他的工作也很满意。

有一天，他似乎明白了一件事情："我给他打工，这个饭馆不是我的，他又看不见我干活儿，我怎么那么傻？我干吗非要把盘子刷八遍？我觉得盘子刷四遍也挺干净的，干脆减一半的工序，还拿原来的薪水，这不等于拿了两倍的薪水吗？"

于是，他自作聪明地减少一半的工序，把每一个盘子刷了四遍。老板没有发现，继续发给他原来的薪水，这个人更得意了。

有一天，他又想："我干吗要刷四遍盘子？刷两遍不也行吗？我们家的盘子刷两遍也挺干净的，再减一半的工序，还拿原来的薪水，这不等于四倍的收入了吗？"于是，他将刷盘子的次数减为两遍。

这一次，盘子有些不干净，老板发现了，一检查，原来是他偷偷地减了工序。

于是，老板把这个人开除了，同时通知他所有的同行朋友："这个人是不能被雇用的，因为他不诚实。"

他以为糊弄的是老板，其实，老板离开他，饭馆的生意照样兴旺，而他却可能因此找不到工作了。也许你会说："难道饭馆老板会通知所有的老板吗？天下所有的老板都能被通知到吗？"好，就算有的老板没有被通知到，而雇用了他。那么，如果那个人还是这种工作态度的话，最终也还会因为偷懒而被开除，因为他有一种观念："我是给别人打工，能糊弄就糊弄。"

要知道，天下所有的老板都是希望自己的员工干得好，再给高薪。有哪位老板希望员工干得少，还给高薪？又有哪位老板喜欢偷懒的员工呢？

所以，哪怕我们做的工作不是什么了不起的大事情，我们也要尽心尽力地去工作，主动解决问题。或许我们做的是些微不足道的小事，但是就是这些微不足道的小事，让我们不断地学习，不断地锻炼自己，获得本不属于我们的额外机会，让我们做出优异的成绩，赢在起跑线上。

我们身边有很多人天生就是乖孩子，领导安排什么事情就做什么事情，虽然能够完成任务，将事情做好，但总让人觉得缺少什么。到底缺少什么呢？不是别的，正是积极主动的工作态度。当我们积极主动地去工作，以一种主人翁的心态去面对工作中的问题时，我们会发现一切都将变得不一样，自己每天都在飞快地进步。只要我们养成积极思考，主动工作的习惯，就能将工作做好，取得事业上的成功。

企业需要积极主动的员工，企业厌恶消极懒散的员工，因为积极主动的员工能够给企业的发展注入活力，而消极的员工只会拖住企业前进的脚步。在企业遇到困难的时候，只有积极主动的人才能与企业同甘共苦，只有他们才会努力地去思考解决问题的办法，奋斗在最艰苦的一线。个人的付出多少他们从不计较，企业的发展才是他们最为关心的。因为，他们知道，他们是在为自己工作！

用百分之百的责任心，解决百分之一的问题

俗话说："不怕一万，就怕万一。"很多时候，当一件事情的大致方向尘埃落定后，最后决定事情成败的往往是一些小问题。

凯威是乌鲁木齐一家对外出口贸易公司的业务主管。一次，公司费尽心思拿到了一个大订单，由于时间紧张、任务繁重，老板要求所有员工这段时间都加班加点地工作，并令凯威全权负责此事。

最后，在凯威的带领下，大伙儿好不容易在规定的时间内完成了任务。然而，就在所有人都觉得可以彻底松一口气的时候，客户一通电话打过来，气急败坏地指责他们工作没做好，产品统统要退货。

原来，这些产品的质量都没有问题，但在包装上却出了点小差错。包装上的厂址本来应该是"乌鲁木齐某厂"，最后却被印成"乌鲁木齐某厂"。

公司老板得知此事后，狠狠地将凯威批评了一顿，说他没有责任心，连这点小事都把不好关。凯威身为这个订单的总负责人，自知难辞其咎，只好主动要求降职降薪。然而，这一切都难以力挽狂澜，整个公司的信誉还是受到了极大的损失。

通过这个故事我们明白一个道理，那就是若想工作不出现一丝纰漏，我们就必须用百分之百的责任心，去解决哪怕所有小问题。如果我们不敏锐地注意到所有小细节，不带着百分之百的责任心去解决它，那任何一个小问题都会成为我们工作中的隐患，随时都有可能给予我们致命的一击。

德国化学家李比希曾经试着把海藻烧成灰，用热水浸泡，再往里面通氯气，这样就能提取出海藻里面的碘。但是他发现，在剩余的残渣底部，沉淀着一层褐色的液体，收集起这些液体，会闻到一股刺鼻的臭味。他重复做这个试验，都得到了同样的结果。这种液体是什么呢？

李比希想，这些液体是通了氯气后得到的，说明氯气和海藻中的碘起了化学反应，生成了氯化碘。于是，他在盛着这些液体的瓶子上贴了一个标签，上面写着"氯化碘"。

几年后，李比希看到了一篇论文——《海藻中的新元素》，他屏着呼吸，细细地阅读，读完懊悔莫及。

原来，论文的作者，法国青年波拉德也做了和他同样的试验，也发现了那种褐色的液体。和李比希不同的是，波拉德没有中止试验，他继续深入研究这褐色的液体有什么样的性质，与当时已经发现的元素有什么异同。

最后，他判断，这是一种尚未发现的新元素。波拉德为它起名"盐水"。波拉德把自己的发现通知给巴黎科学院，科学院把这个新元素改名为"溴"。《海藻中的新元素》就是关于溴的论文。

这件事，深深地教育了李比希。他把那张"氯化碘"的标签从瓶子上小心翼翼地揭下来，装在镜框里，挂在床头，不但自己天天看，还经常让朋友们看。后来，他在自传中写道："从那以后，除非有非常可靠的试验作根据，我再也不凭空地自造理论了。"

从此，李比希更认真、更严谨地从事研究工作。有一次，他到一家化工厂考察。当时工厂正在生产名叫"柏林蓝"的绘画颜料。工人们把溶液倒入大铁锅，然后一边加热，一边用铁棒搅拌，发出很大的响声。李比希看到工人们搅拌非常吃力，就问工人："为什么要这样用力呢？"一位工长告诉他："搅拌的响声越大，柏林蓝的质量就越高。"

李比希没有放过这个问题，他反复思考：搅拌的声音和颜料的质量有什么关系呢？回去以后，他就动手试验，最后查出了原因。他写信告诉那家工厂："用铁棒在铁锅里搅拌，发出响声，实际上是使铁棒和铁锅摩擦，磨下一些铁屑，铁屑与溶液化合，提高了柏林蓝的质量。如果能在溶液中加入一些含铁的物质，不必用力磨蹭铁锅，也会提高柏林蓝的质量。"那家工厂按照李比希的话去做，果然提高了颜料的质量，还减轻了工人的劳动强度。

李比希接受教训后，善于在异常现象中发现问题，又能通过试验找出

责任到人 执行到位

解决问题的途径，所以成为化学史上的巨人。

很多人有所不知的是，在工作中，只有百分之百的责任心才能换来百分之百的完美结果。举个例子，一百件产品，有一件不合格，就可能让企业失去整个市场；一百次决策，有一次不成功，就可能让企业关门大吉。

而我们究竟要用什么办法，才能让那一件不合格的产品和那一次不成功的决策不出现呢？相信此时每个人心中都有一个明确的答案。没错，那就是带着百分之百的责任心去工作，让所有问题在我们百分之百的责任心面前没有容身之地。

26岁那年，怀着出人头地的梦想，余彭年跑到香港打工。由于人生地不熟，加上英文水平有限，又听不懂广东话，他找工作一直不顺利，最后好不容易才在一家公司找到一份勤杂工的工作。他每天的工作内容，就是不停地扫扫地、洗洗厕所，或干点其他杂活。又苦又累不说，薪水还很低。但他又必须做这份工作，否则就要饿肚子。

余彭年所在的公司，周六和周日都休息，一到周末，辛苦工作了五天的勤杂工们就如获大赦，纷纷出去逛街、游玩。初来香港的余彭年也很想出去看看当地的风景。然而，他发现周末时常有人来公司加班，要没有人打扫卫生的话，那公司将会是一团糟。于是，当其他勤杂工出去玩的时候，只有他独自一人留下来打扫卫生，无一例外，每次他都会把公司打扫得干干净净。

就这样认真负责地干了半年，直到有一天周末，公司老板带着一位客户到公司会议室洽谈工作，这才发现了正在埋头打扫卫生的余彭年。望着一尘不染的会议室，客户笑着对老板说："我去过好多公司，在周末还保持如此干净整洁的仅此一家，仅凭这一点，我愿意同你合作。"客户的话让老板对余彭年好感倍增。

第二天，老板就找余彭年谈话，随后提升他为办公室的一名员工。而余彭年也没有辜负老板的好心，从此更加认真负责地工作，最后成功坐上公司总经理的宝座。

多年后，这位从勤杂工干起的湖南小伙子，创办了香港著名的彭年酒店，身价高达30亿港元。而在胡润发布的中国慈善榜上，余彭年多次名列榜首，被人们誉为"国内最慷慨的慈善家"。

其实，根据公司的规定，余彭年完全没有必要在周末打扫公司的卫生，可谁叫他是一个责任心满满的人呢？在意识到周末无人打扫会使公司变成一团糟后，他果断地放弃自己的休息时间，拿起扫帚和抹布，让公司重回干净、整洁和明朗。同时，也正是因为他对待工作的这份担当，最后成功地帮公司拿下了一个大客户，并为自己赢来了一个光明的未来。

由此可见，面对工作，我们每个人都应该像余彭年那样，始终带着百分之百的责任心。只有这样，我们才能将工作做好，为企业创造价值，让自己收获成功。

带着工作热情去解决问题

全力投入工作需要你满怀热忱。没有对工作的热忱，就无法全身心投入工作，就无法坚持到底，对成功也就少了一份执着；有了对工作的热忱，在执行中就不会斤斤计较，不会吝于奉献，不会缺乏创造力。去热爱自己的工作，用满腔热忱努力工作，尽力做到最好！

爱默生说："缺乏热忱，难以成大事。"热忱是一把火，它可燃烧起成功的希望。热爱本职工作，尽职尽责地做好属于自己的工作，这样的员工无论在哪一个岗位上，都能够兢兢业业、任劳任怨地发挥自己的智慧和才干。

热爱工作，就是一个人保持自发性，就是把自己的每一个神经都调动起来，去完成自己内心期望实现的目标。热爱工作是一种强有力的工作态度，一种对人、事、物和信念的强烈感受。

热爱本职工作是每个企业对员工的基本要求，也是员工尽职尽责的前提，更是企业最需要的员工的基本素质。即使有一个很好的工作环境，如果总是一成不变的话，任何工作都会变得枯燥乏味。许多在大企业工作的员工，拥有渊博的知识，受过专业的训练，有一份令人羡慕的工作，拿一份不菲的薪水，但是他们中的很多人对工作并不热爱，视工作如紧箍咒，仅仅是为了生存而工作。因此，他们的精神，总是紧张、烦躁，工作对他们来说也毫无乐趣可言。

一份工作是否有趣，取决于你的看法。对于工作，我们可以做好，也可以做坏；可以高高兴兴、骄傲地做，也可以愁眉苦脸、厌恶地做。如何去做，这完全在于自己。既然是这样，我们在对待工作时，何不让自己注入活力与热情呢？

一个人适合干什么工作，不是由社会潮流和个人主观愿望来决定的，而是取决于个人的特长、爱好、性格等因素。有句话说："工作着是美好的。"如果你做的是"天生喜欢"的事，你可以很容易地在工作中发现乐趣。

如果你做的是单调枯燥的事，那你就很可能在心理上和情绪上受到挫折。

那些成功的人，总是利用两个法宝——毅力和热忱。毅力使你忍耐工作的枯燥，把每件事都看成是通向成功目标的踏脚石；热忱可以使你改变情绪，从工作中发现乐趣，这就是如何把单调的工作变成自己喜欢做的事的技巧。

设想你每天工作的八小时，都在快乐地游玩，这肯定是一件十分惬意的事情，那么，你将会把工作变成一种乐趣去享受，你也能快速发现属于自己的位置，并获得巨大的发展。

热忱对任何人都能产生这么惊人的效果，对你我也应该有同样的功效。一个人如果想成功，他必须把自己全部的热忱都投入进去，热爱你的工作，并努力做到最好。正是热忱，在科学、艺术和商业领域造就了无数的奇迹。

对个人而言，成功与失败的分界线往往在于：有所成就的人凭着热忧全身心地投入，而另一些人却没有这么做。只有在工作中追求完美，我们才能顺利实现自我人生的价值。但是有的人却认为工作做到差不多就可以了，没必要努力去做到最好，多付出也不一定能够得到额外的报酬。然而，他们不知道的是，如果一直以尝试的态度去做事，那人生就只有尝试，不会有好的成绩。

  热情是一种能量，能使人有资本解决艰难的问题。热情是一种推进剂，推动着人们不断前行。热情具有一种带动力，洋溢在外表、闪亮于声音、展现于行动，影响和带动周围更多的人投身于工作之中。热情并不是与自己无关的东西，也不是看不见摸不着的东西，它是一个人生存和发展的关键。有了热情，我们才能更加用心地去工作。

第七章　小事成就大事，细节铸就完美

工作需要精益求精

在工作中，我们需要有一种精益求精的工作态度。因为想要追求完美，你需要的不仅仅是才能，还需要有精益求精的工作态度，并尽己所能，让工作达到一个新的境界。精益求精，爱岗敬业让你更加优秀。

我们常说要让敬业成为工作的习惯，其实，所谓的敬业，在某种程度上也就意味着我们要将自己的工作做到尽善尽美。换句话说，我们要在工作中追求精益求精，争取不出现一丝纰漏，只有这样，我们才能最大限度地提升自己的工作能力，并为公司创造出更大的效益。

在工作中，我们需要有一种精益求精的工作态度。如果你认为自己做得足够好了，那么你就危险了。因为这个社会是在时刻进步的，别人也是在时刻进步的。一旦我们满足于现有的一点成就，那么很有可能被别人超过，甚至是被自己当下的工作所淘汰。因此，在工作中，我们需要的是一颗进取的心，我们需要竭尽所能，把工作做到最好。

不管你现在做什么样的工作，不管你现在正处于什么样的地位，假如你真的希望成为一个优秀的人，你就应该保持一颗精益求精的心，把工作做到最好。如此一来,我们能够让他人留心到我们的存在,也能够让自己的能力得到提升。

同一种工作,有的人能把工作做得很完美,而有的人虽然把任务完成了,但质量不高,很多地方还需要改进。区别何在?很显然,后者缺少精益求精的精神。精益求精是已经把工做得很好了,还要求更好。

如果没有精益求精的精神,我们在工作中往往就会马虎大意、鲁莽轻率、疏忽、敷衍、偷懒等,最后因此导致工作的失败。"精益求精"是一种品质、一种能力、一种素养、一种要求。成功的人生源于对"精"的追求,一个人有了"精"的理念,就会有"精"的追求、"精"的目标、"精"的行动,就一定会出成果、出精品,最终在职场上脱颖而出,赢得成功的人生。

作为一名合格的员工,我们对工作中的任何小事及细节,绝对不能采取敷衍应付的态度,一定要精益求精,只有这样,才能在根本上避免因不注重细节带来的危害及损失。

很多企业的墙上都会有这样一句格言:"在此,一切都应该精益求精。"大到一家企业,小到个人,精益求精都是决定成功的关键。作为员工,我们无论做什么工作,都应该追求精益求精。在企业里,许多员工做事不讲精益求精,只求差不多。尽管从表面上看,他们也很努力,也付出了很多,但结果却总是无法令人满意。而以精益求精的精神去做事,可以使你的才能迅速提高,学识日渐充实,而且逐步可以胜任其他更重要的工作。

所以,我们无论做什么事情,都应该精益求精,把工作做到位,这样才能提高工作效率和工作质量,才能获得晋升和加薪的机会。任何一家想要在竞争中取胜的企业，都必须设法先使每个员工精益求精，将工作做到最好。如果没有精益求精、将工作做到最好的员工，那就无法给顾客提供高质量的服务，就难以生产出高质量的产品。当我们将精益求精，将工作做到最好变成一种习惯时，我们就能从中学到更多的知识，积累到更多的经验，就能从全身心投入工作的过程中找到快乐。

在日常生活中，我们也要一点一滴地培养做事一丝不苟、精益求精的科学精神。精益求精，就是要把每一个细节都做足功夫。古人早就说过，"勿以善小而不为，勿以恶小而为之。"超越平凡并不是要去做多大的事情，只要我们把生活和工作中的每一件小事都做到完美，就能成就自己的卓越了。

李开复在攻读博士学位的时候，将语音识别系统的识别率从过去的40%提高到了80%，学术界对他刮目相看。在当时，他的导师觉得，只要将已有的成果整理好，他就可以顺利拿到学位了。然而，李开复并不是这么想的。他的心里非常清楚，第一步的成功一定会让他获得更好的机会，因此，他觉得他所得到的80%的识别率虽然已经非常优秀了，但却并不是最佳结果。

因此，李开复没有放松，他反而更加抓紧时间研究了，为了研究，他甚至还推迟了论文答辩时间。在当时，他每天的工作时间大约是16个小时。这些努力果然得到了收获，李开复的语音识别系统的识别率从80%提高到了96%。在李开复取得博士学位后，这个系统仍然多年蝉联全美语音识别系统冠军。

试想，假如李开复当时满足于自己获得的那一点成就的话，那么他后来还能够做出那96%的系统来吗？

因此，每一位工作者，请不要满足于目前的工作表现，你需要做得更好。只有这样，你才可以成为企业中不可或缺的人物。在工作中，我们一定要有这样的原则，那就是我们"要做就做得更好，否则就不做"。

实际上，这和"能完成100%，就绝不只做99%"是一样的道理。每一个老板都希望得到优秀的员工，而一个员工的工作态度恰恰可以体现出这个员工是不是优秀。老板从员工的平时表现能够看出员工的工作态度，看出哪个人是优秀的员工，哪个人值得委以重任。因此，一定不要有"拿多少钱，做多少事"的想法。就拿薪金来说，你做了一千块钱的事，那么你也只能够拿一千块的钱。这就是为什么老板找不到给你加薪的理由。假如你拿了一千块的钱，做了一万块钱的事，那么加薪也是自然而然的事情了。因此，在工作之中，我们都应该拥有一个"要做就做得更好，否则就不去做"的心态，不管对于什么样的工作，都应该尽职尽责。

精益求精的前提是要敢于让你的老板或者主管挑剔工作中的毛病。不要总是抱怨别人对你的期望值过高。如果你的老板能够在你的工作中找到失误，那就证明你还没有做到精益求精。更不要寻找任何借口，不要搪塞或是掩盖自己的缺陷。如果你能够做到精益求精，为什么要让缺陷存在呢？一个优秀的人对待工作的态度应该是没有最好，只有更好。

唯有如此，才能保持旺盛的工作热情，才能把工作做得更好，也才能不断进步。总而言之，你是如何看待工作的，那么，你也就会获得什么样的待遇。无论什么工作，假如你把它看得非常低贱，你就没有了工作的激情。如果你把工作都看得非常高尚，那么，你也就有了工作的激情；在工作的时候，你就会变得负责任，变得精益求精。

再小的事也要认真去做

做好小事是成就大事的基础。做好每一个细节是成就完美的基础。不经意的细节能让你成功，也能让你失败。所以不论何时何地，也不论我们从事何种工作，遇到再小的事情，我们也要用心去做，并尽力做到最好。

很多时候，细节是非常重要的。有时候细节的力量是我们无法想象的。在工作中不要忽视细节，更不要瞧不起小事。很多人成功了，都是因为他们能够把握住细节，而许多大事的失败恰恰就是毁于细节。所以说，想要成为一名爱岗敬业的员工，就一定要意识到细节的重要性。认识到小事的重要，不放过任何细节，只有这样，才能把事情做到完美，让自己的事业和人生也更加精彩。

工作中，我们要时刻注重细节，要把小事做好。忽视细节，不仅会给企业带来损失，也将给自己带来噩运。要知道，一个人必须从简单的事情做起，从细微之处入手才能成就一番事业。我们要想成为卓越的员工，就要在平时的工作中重视细节。只要我们能正确对待每一件小事，再小的事情也始终用心去做，并努力做好做优秀，那我们最后就一定能够成就一番事业。对待细节求真务实、精益求精，才是通向成功的基础和前提，是我们干好工作的关键，是在职场上青云直上的秘诀。

注意每一个细节，再小的事情只要好好做就能做出成绩来。踏踏实实干好本职工作，是每一个企业对员工最基本的要求。细节是工作和生活中的组成元素，是构成一项任务的基础。一个连小事都做不好的人，是难以成就一番事业的。

很多人有所不知的是，那些做大事的人也是通过一些具体的事、琐碎的事、单调的事成长起来的。也许一些小事过于平淡，过于简单，但这就是工作和生活。就像盖房子一样，这是基础，高楼大厦就是这么一砖一瓦盖起来的。做不好小的事情，自然不能做好大事情。做好了一线工作，做好了一线工作中的每一件小事，做好了工作上那些点点滴滴的琐事，那一些大的事情也一定能干好。把每一件简单的事做好就是不简单。

注意细节，认真对待小事，再小的事也用心去做，这就是一个人走向成功的秘诀。干好工作最起码的要求就是对工作精益求精。对完美的追求不仅仅是一种态度，更是一种信仰。只有对事情不折不扣地做到尽善尽美，才能把工作做得优秀，才能逐步登上更高的台阶，才能走向成功。

我们如今所处的时代，是一个充满了变化的时代，我们所从事的每一项工作都需要不断创新。创新是超过他人的唯一出路。这就要求我们在对待每项工作的时候，必须把握细节，在细节中创新，把工作做精、做强、做大。

把小事做好就是在不断完善自我。伟大的事情是靠细节积累而成的。做好小事情就是在为大事情打基础。注重细节是保证大事能够顺利实现的关键。在日常工作中，对每一个细节的忽视，都可能会导致这件事的失败。所以无论在做什么工作，我们都要有耐心做好，力求完美，且坚持不懈。

注重细节是一种能力,能用心做好小事的人,最后才有可能收获成功。随着现代社会对工作的要求和分工越来越细,专业化程度也越来越高,我们的时代已经变成了一个要求精细化管理的时代。

作为企业的员工,我们要努力锻炼自己关注细节,做好小事的能力。要知道,只有注重细节,用心做好小事,我们的职业生涯才会一片光明。"不积跬步无以至千里,不积小流无以成江海。"这句至理名言告诉我们,只有做好了当下的每一件小事,才能成就一番大事业。连小事都做不好的人,休谈大事!

在工作中,我们一定要脚踏实地地从小事做起,从点滴做起。要保持心思的细致,注意抓住细节,这样才可以养成做大事所需要的严密周到的作风。工作中的任何小事都不能够小看。把握了细节,才能把握成功。我们需要以认真的态度做好工作岗位上的每一件小事,用我们的责任心来对待每个细节。在岗位上,我们只有把小事做好了,才可以创造出最大价值。

不要忽略工作中的细节

好习惯能让人受益终身,这是毋庸置疑的。在工作中,注重细节的好习惯更能让我们将自己的工作做到完美,从而收获他人对我们的认可,并最终帮助自己登上成功的巅峰。

眼中没有细节的人，对工作缺乏认真负责的态度，对待事情往往也是敷衍了事。这种人根本无法把工作当成是一种乐趣，他们只会把工作当作一种不得不做的苦役，还整天抱怨自己在工作中根本没有任何热情和动力。

在工作中不考虑细节的人，永远做不成大事，他们只能做别人给他们分配好的任务，然而即便这样，他们也不能保证把事情做好。而那些能在工作中考虑到细节，并且注重细节的人，不仅对待工作认真负责，将小事做好、做细、做精，还能在细节中寻找机会，从而找到开启成功大门的钥匙。

我们都知道，对于一根链条来说，最脆弱的一环决定了整个链条的强度；对于一只木桶来说，最短的一块木板决定了整只木桶的容量；而对于一项工作来说，决定其成败的关键就是细节。因此，我们只有在工作中做到不忽略细节，努力认真对待好每一个细节，从细微处做起，我们才能光彩熠熠地走向成功。

无论是在工作还是生活中，对待事情认真仔细，努力把每一件小事都做得尽善尽美，只有这样，我们才能成就自己。让注重细节在我们的脑海里形成一种牢固的观念，然后再用观念来指导我们的工作，慢慢地，我们自然而然就会养成一种良好的工作习惯。而一旦养成了注重细节的好习惯，我们就能在工作中收获快乐，并取得骄人的业绩。

每个人刚开始参加工作的时候都会由于经验和阅历以及能力的限制，不能被企业领导委以重任，一开始做的工作大多是些体力活和烦琐小事。而很多人都会觉得这些工作都是小事情，没多大的含金量，不值得自己花费过多的精力和时间。毫无疑问，这种想法是不对的。在心理学上，有一个"不值得定律",该定律说的就是这么一种想法,即人们潜意识里认为不值得做的事情就不会努力去做、敷衍了事,甚至根本都不去做。

因此,我们会看到工作中有些人过多地把精力投放在以为能够出人头地的"大事"上面,幻想着一夜成名。他们坚信自己有一天能一鸣惊人,而忽视了许多当下的具体事情,即使遇到这些事情也认为是不值得做的。

我们都知道,要想成就一番事业,就要从最简单的事情入手。一个连小事情都不能做好的人,更不会成就大事业。20世纪伟大的建筑师之一密斯·凡·得罗,在描述他成功的原因时,只说了这样几个字:"魔鬼在细节。"通用电器公司前CEO韦尔奇也说过:"工作中的一些细节,唯有那些心中装着大责任的人能够发现,能够做好。"在韦尔奇看来,通过一件简单的小事情,就能反映出一个人的责任心。

在工作中,我们所有人都要懂得把每一件小事和那个远大的目标结合起来。当我们接纳了每一件小事后,目标的实现就只剩下时间问题了。要知道,梦想再大,也是由小事情构成的。任何大事都是由小事构成的,没有做好小事情的基础,就不可能取得巨大的成功。

把每一件小事、每一个细节做到完美,不仅能让我们获得经验的积累和知识的补充,还能让我们体会到工作的快乐和意义,并最终在工作中铸就属于自己的成功,实现自己人生的价值。

而毫无疑问,这一切都有赖于我们将注重细节变成一种良好的工作习惯。我们都知道,能力出众的人做小事的时候也非常认真,他们总是能注意到每一个细节。正是因为他们自身具备注重细节的好习惯,他们才比其他人拥有更多的成功机会,拥有更大的舞台。

美国标准石油公司曾经有一位小职员,他的名字叫阿基勃特。他在出差住旅馆时,总是在自己签名的下方,写上"每桶4美元的标准石油"字样,在书信及收据上也不例外,只要签了名,就一定写上那几个字。他的同事因此戏称他为"每桶4美元",时间久了,他的真名几乎都快被人们忘了。

公司的董事长洛克菲勒得知此事后,决定去见见阿基勃特,并邀请他共进晚餐。过了几年,洛克菲勒卸任,阿基勃特竟然被任命为下一任的董事长。在签名的时候署上"每桶4美元的标准石油",这在其他人看了,实在是太小的事情。很显然,这件小事不做也可以,但阿基勃特却将其做到极致。他对细节的注重让他的人生有了巨大的转变,更确切地来讲,正是这种注重细节的好习惯,让他坐上了董事长的宝座。

其实,在我们的工作中有许许多多不起眼的小事情,这些事情任何人都可以去做,但是,只有一小部分人把它做好了,并且一直坚持下去。有些人也许会觉得一个人的成功有偶然的因素,实际上,这种想法是错误的。就拿阿基勃特来说,他的成功几乎是一种必然,因为他让注重细节成为一种习惯,并在工作中长久地保持了下去,最终也因此获益良多。

众所周知,很多事情都可以从细节中看出个究竟,找出个所以然来。细节的存在是有意义的,它往往能在一定程度上反映出做事的人的思想性格和处世为人的原则,就像我们能通过一个人的字看出这个人是什么性格一样,一个人所做的事情就相当于他的"名片"。而想要了解一个人,就去和他一起做件事情,观察他对于细节的态度。这无疑是最有效的途径。

注重细节,并保持好对待细节的良好态度,只有这样,我们才有机会让他人看到自己的卓越表现，才有机会获得别人的赏识。这是我们走向成功的第一步，是必不可少的基础。作为一名员工，面对如今社会日益激烈的竞争，我们若不能培养注重细节的好的工作习惯，那就很难在以后的工作中去迎接各方面的挑战，更不要说为以后的发展积累砝码。

总之，细节最容易被人们忽视，但是细节也恰恰最能反映一个人的真实状态和表现一个人的素养。现如今的企业，在招聘员工的时候，通过一件小事去考核一个人的品质和能力，已经成为一种较为普遍的衡量人才的方式。一个人在细节上的成功，看起来是偶然，但在每一次的偶然背后实则孕育着走向成功的必然。

细节就像大海里的浪花一样，彰显了大海的美丽，但是，没有了浪花，大海也就没什么新奇了。因此，我们要在工作中不断培养自己注重细节的好习惯，只有这样，我们的职场之路才能越走越宽敞。

注重细节，提高竞争力

无论大事还是小事，忽略了细节就会造成不必要的损失。作为企业的一名员工，最基本的一项素质就是认真细致。要知道，只有具备严谨的工作态度，认真对待好每一个细节，我们才能走向成功。

细节，就是日常生活中我们不太注意的一些小事情。而要想成就一番大事业，就必须从这些小事情做起，从细微之处入手。好高骛远，一心追求远大，最终害的只能是自己。试问，一个连小事情都不注意的人，还怎么成就一番大的事业呢？

我们都知道，注重细节是一种对待工作极为认真的态度，同时也是一个人对工作负责的表现。不管做大事还是小事，忽略了细节必然会给工作造成巨大的影响或损失。因此，作为一个员工，我们一定要认真对待自己的工作，只有具备严谨的工作态度，我们才能把握好细节，打造自己的职场竞争力。

工作中一定不能忽视微小的细节。然而，再看看我们的周围，马马虎虎的人和马马虎虎的事随处可见，差不多的人和差不多的事也比比皆是，好像、几乎、似乎、将近、大约、大体、大致、大概、可能、应该，这些词汇充斥在人们的话语中。可以想见，就在我们脱口而出这些词汇的时候，也许我们面对的客户就已经流失了。

再大的事情，都是由许多个细节组成的。通过观察和分析中外企业家的成功之道，我们就会发现，他们之所以能有杰出的成就，往往是因为管理层始终把细节的竞争贯彻于整个产品开发的始终。所以，我们应该把每一件简单的事做得不简单，把每一件平凡的事做得不平凡。

除此之外，我们还要把细节提到重要的层次上，不断追求工作的零缺陷，要知道，我们越是注重细节，非凡的成就就越是青睐于我们。

提高执行力，就要求我们在工作中做到严谨和细致，并保持住这样的作风，去掉心浮气躁、浅尝辄止的毛病，以追求完美的精神，尽职尽责地执行好各项重大战略决策和工作部署，把大事做细，把细节做精。

从来不缺想做大事的人，但很少有人愿意把大事做小，把小事做好。我们不缺少战略上的决策者，我们缺少的是尽职尽责的执行者；我们的企

第七章 | 小事成就大事，细节铸就完美

业不缺少规章制度，我们缺少的是对这些规章制度严格执行的人。

曾经有个年轻的小伙子到新加坡旅游，去面馆吃面。没想到，一吃竟上瘾了，这个汤太好喝了！他觉得一个人竟能把一碗面汤做得那么好喝，简直太不可思议了。他用筷子仔细地搅动面条，也没发现汤中有什么特别之处。于是，他就向店主问明情况。店主说这是祖传的秘方。

这时这个年轻人心中就有了打算，他掏出身上仅带的一万元现金，想向店主买下这一秘方。但是店主并没有答应。

然而，经过他的再三恳求，他最后总算如愿以偿。小伙子回国后就开始对秘方进行研究测试，弄明白其中的奥妙所在后，他很快就在上海开了一家餐饮公司，生意非常红火。他的成功就是因为他注意到了一碗好喝的面汤，只是这样的一个小细节，竟然成就了他的事业。

牛顿发现万有引力定律，不就是从"为什么苹果会从树上掉下来"开始的吗？瓦特发明蒸汽机不也是从"为什么水烧开了之后水壶的盖子会跳起来"开始的吗？回顾整个科学发展史，许多伟大的发明都是来自科学家对细节的捕捉。伟大的成功并不是那么遥不可及，只要我们有一双善于发现和捕捉细节的眼睛，只要我们在工作中能够注意到问题的每一个细节，成功就一定会找上门来的。

细节，就是细小的环节和不引人注意的小节。也正因为如此，细节往往容易被人忽视和轻视。细节的细，也常常会使人感到不屑一顾。但是往往事后的经验告诉我们，对待细节，是不能疏忽的，更是不能大意的。

对细节的把握，决定着我们工作的质量和事业的成败；对细节的把

握,也是一种对工作负责的表现。我们经常在工地上看到"从大处着眼,从小处入手"的条幅,其实这就是在告诫所有人,做事情虽要具备全局观念和战略眼光,但即使是再大的计划和战略设想,终究还是要靠细致而扎实的基础工作来实现。

换句话说,事情之大意味着政治上的成熟和理想的远大,细节之小却能证明一个人的工作态度和能力。眼中没有细节的人,很难对工作产生认真的态度,更无法把工作当作一种乐趣。只有那些重视细节的人,才具备认真负责的工作态度和强烈的事业责任感;只有那些重视细节的人,才具备严谨细致的工作作风,在细节问题的处理上绝不当"马大哈",绝不搞想当然;只有那些思维上缜密,考虑周全,做事严谨的人,才能在做事的细节中找到发展和突破的机会,才能使自己走向成功的大门。

总之,无论从事什么工作,我们都要注意细节。细节体现着一个人是否具备敏锐的眼光,是否具备在细微处洞彻事理的头脑,是否能在平凡的工作中干出不平凡的业绩。比较所有成功者的共同特点,他们都是能做好小事情,能够抓住生活中的一些细节。事情都是由小至大的,小事都做不好,何谈大事!

在我们身边,能做大事的人实在是少之又少。多数的人只能做一些具体的事、琐碎的事、单调的事。张瑞敏说过,能把每一件简单的事做好就是不简单;能把每一件平凡的事做好就是不平凡。这话听起来很简单,可其中蕴含的道理却不简单。一屋不扫,怎能扫天下!泰山不拒细壤,故能成其高;江海不择细流,故能就其深。

因此,我们想要获得成功,就需要比别人更为细心和谨慎,就必须时时注意工作中的每一个细节。事情无大小,应该常怀如临深渊、如履薄冰的心态，把细节工作做得更细，把工作做到更好，一定能让领导重视我们，重用我们。

细节往往最容易被人忽视。然而就是这些不起眼的细节，成就了一件件事情，也导致了一场场悲剧。大家都知道细节决定成败这个道理，但关键还是要让每一个人都具备一双善于发现并把握细节的眼睛，养成注重细节的良好习惯，并能够在工作中得到体现。

细节是一点一滴的小事，但却包含着很大的学问。一件事情的细节决定完成质量的高低，细节的效应是量变到质变的过程。要想在自己的工作中有所作为，那就必须从小事做起。

在工作中培养自己踏实勤奋和埋头苦干的精神。永远记住，好高骛远和不安现状，只能是你做的脱离现实的白日梦。现在这个时代，到处充满着"细节"，从产品到服务再到管理，有时候，微小的细节差异放大到整个市场上，就会变成巨大的差别。

一个好的企业会在产品、服务和管理上加强对细节的改进。有时候仅仅是因为给用户增加了一丁点儿的方便，但对于用户来讲，正是有了这一丁点儿的优势，才有了显著的对比。把每一件事都做到最好，对待工作一丝不苟，这正是一个出色的员工必须具备的素养。每一个人都要认识到，只有在工作中注重细节、把握细节、尽职尽责，老板才会放心地对我们委以重任。

天下难事，必做于易；世界大事，必做于细。我们要放弃好高骛远，踏踏实实地工作。要知道，不论是做人、做事，还是做管理，我们都理应脚踏实地，从细节着手，从小事做起，远离眼高手低。毕竟只有注重细节的人，才有机会取得非凡的成就，才有机会干出一番大事业。

第八章
做好"分外"事，赢得分外彩

不是"要我做"，而是"我要做"

自己的事情自己做，自己遇到的问题自己解决。当面对工作中的问题时，很多人总是以各种借口推脱，而把问题交给别人。殊不知，这样做的后果就是让自己失去了成长的机会。只有主动地承担自己的工作，主动地去帮助别人，主动地做些分外的工作，我们才能抓住更多的发展机会，从而在事业上取得更好的成绩。

卡耐基曾经说过："有两种人永远将一事无成，一种是除非别人要他去做，否则，绝不主动去做事的人；另一种则是即使别人要他去做，也做不好事的人。那些不需要别人催促就会主动去做应该做的事，而且不会半途而废的人必将成功。"不难发现，前两种人面对工作的心态皆是消极被动的，在他们看来，只要自己平时不迟到，不早退，把领导交代的工作完成了，就能心安理得地去领工资了。殊不知，对企业管理者而言，他们最需要的是能发扬主动精神，变"要我做"为"我要做"的人才。

要知道，如果一个人总是消极被动地去工作，那他是永远都无法获得成功的。反之，如果一个人能积极主动地开展自己的工作，成功就会离他

第八章 | 做好"分外"事，赢得分外彩

越来越近。

兄弟三人在一家公司上班，但他们的薪水并不相同：老大的周薪是350美元，老二的周薪是250美元，老三的周薪只有200美元。父亲感到非常困惑，便向这家公司的老总询问为何兄弟三人的薪水不同。

老总没做过多的解释，只是说："我现在叫他们三个人做相同的事，你只要在旁边看着他们的表现，就可以得到答案了。"

老总先把老三叫来，吩咐道："现在请你去调查停泊在港口的船，船上皮毛的数量、价格和品质，你都要详细地记录下来，并尽快给我答复。"老三将工作内容抄录下来之后，就离开了。5分钟后，他告诉老总，他已经用电话询问过了。他通过打电话就完成了他的任务。

老总又把老二叫来，并吩咐他做同一件事情。一个小时后，老二回到总经理办公室，一边擦汗一边解释说，他是坐公交车去的，并且将船上的货物数量、品质等详细报告出来。

老总再把老大找来，先将老二报告的内容告诉他，然后吩咐他去做详细调查。两个小时后，老大回到公司，除了向总经理做了更详尽的报告外，他还将船上最有商业价值的货物详细记录了下来，为了让总经理更了解情况，他还约了货主第二天早上10点到公司来一趟。回程中，他又到其他两三家皮毛公司询问了货物的品质和价格。

观察了三兄弟的工作表现后，父亲恍然大悟地说："再没有比他们的实际行动更能说明这一切的了。"

所谓的主动工作，其实就是在没有人要求我们做的情况下，我们依然

能够自觉并出色地做好事情。毫无疑问，故事中的老大就是三兄弟中唯一做到了主动工作的人，面对工作，他的反应异常敏锐，头脑极其理智，积极主动地处理问题，想老板之所想，正因为如此，所以他的薪水是三兄弟中最高的。

我们要想在职场上获得成功，就必须改变自己在工作中"要我做"的消极心态，努力培养"我要做"的积极心态，比如主动为自己设定工作目标，主动思考和改进自己的工作方式，主动去开展自己的工作等。

总之，在平时的工作中，只有变"要我做"为"我要做"，我们才能让老板发现我们实际做得比我们原来承诺的更多，我们才会在职场上有更多的机会。如果我们对公司的发展前景漠不关心，总是被动地等待上级安排任务，那就等于将加薪和升迁的宝贵机会拱手让给他人。

小李在一家商店工作，她一直觉得自己工作很努力，因为她总能很快完成老板布置的任务。一天，老板让小李把顾客的购物款记录下来，小李很快就做完了，然后便与别的同事闲聊。

这时，老板走了过来，他扫视了一下周围，然后看了一眼小李，接着一语不发地开始整理那批已经订出去的货物，然后又把柜台和购物车清理干净。

这件事深深地触动了小李，她明白了一个人不仅要做好本职工作，还应该主动地去工作。从此以后，小李更加努力地工作，她由此学到了更多的东西，工作能力也突飞猛进，最终，小李成了这家商店的店长。

不难发现，在工作中秉持"我要做"观念的员工，更受青睐，更容易取得成功。从表面上看，他们似乎比其他员工付出得更多，但是，正因为如此，他们才能获得更多的学习机会、更多的发展机会。反过来说，有些人之所以在工作上止步不前，就是因为他们总是被动地完成上级交代的任务。

我们通过积极主动的工作，为企业做出应有的贡献；企业通过我们的工作获取应得的效益，给予我们报酬，同时，企业还是我们实现人生价值的平台。如果我们在工作中始终抱着消极被动的心态，那无异于在拿自己的前途开玩笑。

我们要学会调整自己的心态，努力变"要我做"为"我要做"，积极主动地去完成工作，唯有如此，我们才能在工作中不断地锻炼自己、充实自己、提高自己。

主动工作的人，往往责任心也很强，因为他们深刻地意识到，只有主动肩负起自己的职责，才能在工作上有所作为。对工作负责，是最重要的主动精神。身为员工，我们对待工作一定要积极进取，不能总是被动地等待别人来告诉自己应该做什么，而是应该积极主动地去了解自己应该做什么、还能做什么、怎样才能做得更好，然后全力以赴地去完成。

每天多做一点

在工作中比别人多做一点，不仅是一种智慧，还是走向成功的一条准则，更是一种不怕吃亏的勇气。只要我们在平凡的岗位上，坚持"每天多做一点"，那终有一天会实现自己的人生价值，获得成功。

工作中有这么一种人，现在可以做的事情放着不做，以为以后有的是时间去做，而且还给自己找了一大堆理由让自己心安理得。其实，这种人有时候也能感觉到自己是在拖延，但却不去改变，也从不想去改变，他们每天都生活在等待和逃避之中，空有羞愧和内疚之心却不去行动，毫无疑问，这样的人，最终将会一事无成。

其实，当我们有新的工作任务时，就应该立即行动，只有这样，我们每天才能比别人多做一点，最终比别人收获更多。我们要彻底放弃"再等一会儿"或者"明天再开始"的想法，遇到事情马上列出自己的行动计划，毫不犹豫立马去做！从现在就开始，着手去做自己一直在拖延的工作。要知道，当我们真正去开始做一件事情的时候就会发现，之前的拖延理由简直毫无必要，干着干着，我们就会喜欢上这项工作，而且还会为自己之前的拖延感到后悔。

在工作中，很多人觉得应该等到所有的条件都具备了之后再行动。可事实上，良好的条件是等不来的。等我们万事俱备的时候，别人或许早已领先我们一步，抵达成功的彼岸。所以，我们完全没必要等外部条件都完善了，再开始工作，在现有的条件下，只要我们肯做，肯好好努力，同样可以把事情做到极致。另外，一旦行动起来，我们还可以创造许多有利的条件。一旦做起来，哪怕只做了一点点，这一点点也能带动我们将事情做好。

我们还需看到，有时候，人们之所以选择拖延，就是因为有些事情需要较长时间才能显现出结果，才能看到回报。如果我们遇到了这样的事情,不如先给自己拟定一个完成工作任务的期限,然后把任务分解成不同的阶段,每个阶段再设定一个完成的期限。如此逐个击破每个阶段的工作任务,不断给自己施加适量的压力,并让身边的人监督我们按时做好,那我们就能一步一步顺利完成那些看似比较困难耗时比较长的艰巨工作。

有时候遇到事情要立马采取行动是很难的,尤其是面对令自己不愉快的工作或很复杂的工作时,我们常常不知道该从何下手。但是,不知道从何处下手并不能成为选择拖延和逃避的理由。如果工作的确很复杂,那我们可以先把工作分成几个小阶段,分别列在纸上,然后把每一阶段再细分为几个步骤,化整为零,一步一步来做,并保证每一步都可在短时间之内完成。如此一来,那大的任务也能迎刃而解。

世间万事万物的变化都是循序渐进的。只有量的积累才能引起质的变化。这也是在告诉我们,在做事情的时候,付出越多,机会就越多,成功也就越近。

在工作中,仅仅是尽心尽职做好分内的工作,是远远不够的,我们还应该再多做一点分外的事情,多为老板和企业考虑,做一些有益于企业发展的事情。只有这样,我们才能从工作中脱颖而出。总之,只要我们坚持每天多做一点,就能从平凡走向卓越。

在一个下雨的午后,一位老妇人走进费城的一家百货公司,大多数的柜台人员都不理她。有一位年轻人走过来问她是否能为她做些什么。

当她回答说只是在避雨时,这位年轻人没有向她推销任何东西,虽然如此,这位销售人员并没有离去,转身拿给她一把椅子。

雨停之后,这位老妇人向这位年轻人说了声谢谢,并向他要了一张名片。几个月之后,这家店长收到了一封信,信中要求派这位年轻人前往苏格兰收取装潢一整座城堡的订单!这封信就是这位老妇人写的,而她正是钢铁大王卡内基的母亲。

当这位年轻人收拾行李准备去苏格兰时,他已升格为这家百货公司的合伙人了。

为什么这个年轻人比别人获得了更多的发展机会?主要原因就在于他比别人付出了更多的关心和礼貌。

常言道,唯有付出才能得到。一个人要得到多少,就必须先付出多少。付出时越是慷慨,得到的回报就越丰厚;付出时越吝啬、越小气,得到的就越微薄。

毫无疑问,在工作中,对于分外的事情,我们确实可以选择不做,没有人会因此怪罪于我们。但是如果我们做了,那显然就多了一个机会。要知道,天道酬勤,我们多付出的时间和精力并没有白白浪费,终有一天,命运会给予我们更为丰厚的回报。

此外,我们只有多做一点,才能最大限度地展现自己的工作态度,最大限度地发挥出个人的天赋和才华,才能向大家证明自己比别人强。当我们将多做一些变成一种良好的习惯,并将其充分地贯彻在我们的工作中时,那么我们离成功就会越来越近。

要知道,如果一个人能够勤奋努力,每天都比别人多做一点,尽心尽力去工作,处处为别人着想,那么这样的人必然能够做好一件事,久而久之,成功也会向他招手。

所以,如果我们想成功,那就多做一些吧。只有比别人多做一点,多

第八章 做好"分外"事，赢得分外彩

想一些，并且一直坚持，我们才能创造不凡的业绩。

乔治是著名的出版家。他少年时，家境贫困，生活十分艰难。12岁那年，乔治经人介绍，在费城一家书店找了一份店员的工作。对于少年乔治来说，这份工作很重要，能够改善一家人的生活。所以，从上班第一天起，他就十分勤奋，自己的工作做完了，还要帮助老板处理其他事情。

有一天，老板对他说："没事你就可以早点回家。"但是乔治却说："我想做一个有用的人，现在我手头上也没事做，就再让我做其他的事吧，我希望证明我自己。"老板听了乔治的话，越来越赏识眼前这个小伙子了。

后来，由于工作勤奋，乔治很快就成为这家书店的老板。再后来，他又成为出版界的大佬。

通过这个故事，我们不难发现，无论做什么工作，我们都需要努力奋进、多思考、多学习、多努力、多干一些事情。要知道，比别人多干一些活儿，非但不会吃亏，反而能带我们走向成功。

所以，坚持每天多做一点吧，这样不仅能展示我们的实力和才华，还能让我们获得更多宝贵的财富。相信拥有这样的心态后，我们的工作一定会顺风又顺水，我们的前程一定会越来越光明。

一个成功的推销员曾用一句话总结他的经验："你要想比别人优秀，就必须坚持每天比别人多访问五个客户。"比别人多做一点，这种积极主动的行为，常常可以给一个人带来更多机会，也能使人从竞争中脱颖而出。

对一个人来说，做事是否积极主动，常常是于细微处见精神。在职场中，只要我们具备一种积极主动做事的心态，每天多努力一点、多付出一点，我们就能在工作中争取到更多的机会。一位成功的企业家这样告诉他的员工：不要怕多做事，你做的事情越多，你在企业中就越重要，你的地位就会越来越高。

在一家公司研发部工作的查理最近一直比较郁闷，同事见他一副愁眉不展的样子，开玩笑地说：“查理先生什么地方都好，就是太不知足了，作为咱们研发部门，只要完成公司下达的研发任务就可以了，这样薪水就比生产和销售的都多，应该高兴才是！”

另一个同事也说：“研发方面，查理是专家，应付公司分下来的任务绰绰有余，为什么还整天思虑重重的样子？”

查理说：“我不是因为薪水和任务是否能完成而郁闷，而是觉得我们这样整天坐在办公室里，除了完成公司交给的任务，就什么都不做了，现在市场竞争这么激烈，我们能不能主动地做一些工作，给公司拿出一些新颖的创意来呢？”

尽管同事们都觉得这家公司已经很强了，完全没有必要担心因市场竞争的激烈而被挤掉，查理还是暗下决心，要在完成公司任务的基础上努力工作，让他们公司的产品在自己的研发下有一个飞跃。

不久，查理就研发出一款新产品，并且在市场上反响非常好。主管对查理的积极主动很是赏识，不久，查理就升为研发部的总监助理。

俗话说能者多劳。一个人做的多少，从另一方面来说，真的可以体现出能力的高低。当今社会不断发展，作为企业的员工，你的工作范围也应不停地扩大。不要逃避责任，少说或不说"这不是我应该做的事"，因为，如果你为企业多出一分力，那么你就多了一分发展的空间。如果你想取得一定的成绩，办法只有一个，那就是比别人做得更多。

找事做，不分分内分外

日常工作中，我们常常会遇到这样的情形：领导或者同事有时会让你做一些额外的工作。这个时候你应该怎么办？不少人会以"这不是我分内的工作"为借口进行推托，最后即使是做了，也是迫于领导的压力，或碍于同事的面子，但自己却心不甘、情不愿、气不顺。

"这不是我分内的工作"，这话说起来很容易，但它却反映出一个人的成熟程度。一个有着长远眼光的员工不会说这句话，在他们眼中，工作不分分内分外。他们懂得一个道理：分内的工作是自己应该完成也是必须完成的，而分外的工作是自己在时间允许且完成了本职工作的前提下，能尽量去多完成的事。

很多人都觉得把自己的事做好就行了，那些额外的工作不是自己负责的，做不做都行。别人如果去做了，有些人还很不理解，觉得那些人真是傻。这种看法其实是不正确的。有一些人非常热情，虽然并不是自己应该做的事情，但是，他们依然会去做。因为他们觉得这样有利于他人，有利于大家。而这样的人往往能够赢得他人的好感。这就是一种无私的体现，也是一种爱岗敬业精神的体现。

有一位姑娘，刚刚大学毕业不久。好长一段时间，她都没有找到自己喜欢的工作。后来经过努力，她找到了一家很大的百货零售连锁店，在那里她负责售货的工作。很多亲友都觉得她不值得，一个大学生，最后就做了超市的售货员。但是她倒没这种想法。她认真地工作，非常珍惜这样的工作机会。

由于商店并不是新建的，因此，建筑看上去非常陈旧，她所在的柜台前面有一个台阶，如果不太注意的话，很容易被它绊倒。她看在眼里，记在心里，于是每次见到顾客经过的时候，她就提醒道："小心，前面有一个台阶！"很多同事觉得她多管闲事，没有必要这么做。但是她并不这样认为。

每天都是这样，她总是在不断地提醒经过的人，后来成了一个习惯。有一次，总店的总经理过来视察，她并不知道是总经理。当总经理经过她这个柜台时，她依然这样提醒了一句。总经理刚刚开始没有反应过来，继而看了看脚前的台阶，很快就明白了，什么也没有说。

没过多久，总经理就找到了这家连锁店的经理，表扬了这位姑娘。很快，她就被提拔成了柜台组的组长。她当上了组长后，不久就让人将这个容易绊人的台阶削平。不到一年的时间，她竟然当上了这家连锁店的副经理。

很多同事认为她是管闲事，但是在总经理看来，她在对顾客负责。正是由于她的热情，商店没有出现什么事故，也少了很多麻烦。

第八章 | 做好"分外"事，赢得分外彩

人生就是那么奇妙，很多职场老人们在自己的工作岗位上兢兢业业，努力把自己职责范围内的一切工作处理得有条不紊，可最后不仅赶不上加薪又升职，就连老板口头上简简单单的一句赞赏也没有捞着，而有的人呢，只因为对自己的分外工作稍稍地使上了一把力，就轻而易举地获得了公司领导的重视和认同，最终赢得了一方施展自己才干的舞台。

故事中的那位姑娘做了额外的事，这让她在做这些分外之事时得到了老板的赏识，得到提拔或录用。她似乎都是下意识去做的，这些事非常简单，只不过是举手之劳而已，并不需要付出很多，可就是这样的小事，为什么其他的人不可以做呢？原因就是，他们没有那种为他人服务的热情和爱岗敬业的精神。

做好自己分内的工作只是我们每个人的职责所在，并不值得任何人对我们提出特别表扬，而时不时地揽下不属于自己的活，在别人眼里却是一种难能可贵的品质，当然值得他人对我们另眼相看，真诚相待。所以，当我们已经把自家门前的雪扫得干干净净，如果还有多余的时间，不妨也主动帮他人清理一下瓦上的霜。

在工作中，经常会有一些"苦差事"。很多人对苦差事唯恐避之而不及，但殊不知，很多时候，那些没有人愿意去做的苦差，恰恰是你展露才能和勇气的非常好的一个机会。这是因为，任何工作都潜藏着一些未知的机会，如果我们能够主动去找事做，那么能够获得的机会也就更多。

黄小伟是一家新公司的文员，他主要负责的工作就是在公司接听电话、打字、复印等，所干的工作也很零散。有一天，总经理的秘书生病没有来，这让领导的办公桌上到处都是杂乱的文件，很多文件还得总经理自己写。总经理每天非常忙,需要处理要事,起草文件,忙得不得了。黄小伟发现了这样的情况,于是,便主动去帮总经理收拾办公桌,还负责端茶倒水。他手脚麻利,需要的文件很快就交到总经理手中,速度快、简练,总经理对他有了新的认识。后来,总经理将他升职为自己的秘书,并且还给他加了工资。

假如你可以主动去找事情做而不是等事情做,那么,你会获得更多的乐趣,会获得更多的锻炼,会得到更多的提升机会。时间长了,你在事业上也会获得更多的发展,获得他人得不到的丰厚回报。

在一家公司里,由于事务繁忙的原因,总有职位会出现空缺就算是在一个人才济济的公司里也是如此。管理者在分配任务的时候,他同时也会在某个细节上出现一些不可避免的漏洞。这个时候,就需要有责任心的员工去查漏补缺,及时补位,让事情防患于未然,积极主动地工作,让工作变得更加完美。

我国著名的企业海尔公司,其所生产的产品合格率可以达到100%。他们的秘诀就是积极主动去发现问题。

电冰箱是家庭中常用的家电。消费者通常会放在家庭中比较显眼的位置。基于此,海尔公司对冰箱的各项技术指标都制定出了非常高的标准,其中主要的七项指标实测值均优于发达国家水平。他们为了能够满足用户对高档家电的特殊需求,在冰箱的外观、噪音等方面做出了非常严格的要求。因此他们所生产的产品获得了用户的信赖。

因此,在工作中,我们不要怕多做工作,也不要担心自己想得"太周到"。实际上,工作中我们恰恰非常需要这样的一种"周到"。哪怕事情再多，你也应该多想一想，想得周到，你的职业形象就会更完美，从而，你的老板会更加欣赏和器重你，你就更容易成功。

主动是为了给自己增加机会，为了让自己得到更多的锻炼，增加实现自己价值的机会。在企业中，你拥有了展现自己的平台，具有什么样的结果，发展的如何，那就全靠你自己了。成功永远奖赏那些能抓住机会、积极主动的人。工作中所有的机会，实际上都是来自自己的主动争取。那些消极被动的人，永远没有机会，就算他们偶然获得了机会，最后也只能白白溜走。积极主动是一个优秀员工应该具备的基本素质。

我们常常会发现很多人一夜成名，实际上，他们在功成名就之前，已经默默无闻地努力了很久很久。成功是一种累积，不管是什么样的行业，想要攀上顶峰，都需要漫长的努力和精心的规划。如果你想获得成功，那么，你就需要永远保持主动、率先的精神去面对你的工作。就算你所面对的是毫无挑战和毫无生趣的工作，你也应该做到自动自发、积极主动，直到最后获得回报，取得成功。

作为一名员工，要想在工作中有所作为，取得成功，就不要强调分内分外，除了尽心尽力地做好本职工作以外，还要主动去做一些分外的工作，这对于一个人的成长，往往会产生意想不到的作用。很多时候，分外的工作对于员工来说是一种考验，你能够任劳任怨地工作，能够胜任更多的工作，说明你的能力够强，能够委以重任。

用认真的心态去工作

工作态度决定工作结果。一个工作态度积极的员工，对他而言，无论做什么工作，工作都是神圣的，一定会尽心尽力地用心去做，哪怕他的工作能力有限，也会释放出自己最大的潜能，全力以赴地去实现自己的最大价值。一个员工，如果面对工作的时候总是保持着悲观消极的态度，那么他的工作就会成为负担，越来越压抑他，即使他有很强的能力，也很难在工作中获得成绩。

态度是无形的，不能看到，更不能摸到，只能用心去体会，去感受，但是它绝对不是虚无的。和那些可以看到的能力相比，它更加重要，也更加强大。在工作中存在着很多这样的员工，他们凭借自己的能力和资格，工作态度非常散漫，心态浮躁。这样的员工很难走到最后，只能留下遗憾。

对初入职场的人来说，高手如云，那些既能保持良好的工作心态，又拥有一定的能力，是很难得的人才，这样的员工，不仅能在困难中保持稳定的心态，也会在成功的时候不骄不躁。任何时候都能拥有一颗平和的心，在工作中不断提高自己。

一名经理经常对自己的员工说："能力不分大小，态度决定一切，工作能力再强，如果做事的态度不端正，就很难做好自己的工作。"他经常要求自己的下属工作的时候必须先端正态度，再去做事。这种做法让他领导的团队，总能在第一时间完成最难的任务，也能在最艰难的环境中做出成绩。

员工的心态决定姿态，工作态度决定职业生涯的成功与失败。对所有员工来说，能力都可以通过工作的实际锻炼得到提升，只要在工作中态度认真，不断学习，不断提高，能力都可以在实践中提高。态度则需要员工自己的身心修养，提高自身素质，来面对遇到的困难和挫折。只有正确对待这些，调整好心态，才能收获事业上的成功。

小赵是重点院校的高才生，研究生毕业后，应聘到一家著名的公司工作。公司的领导让他到生产部门工作，他非常不满意。但是在家人的劝说下，他还是去上班了。

刚入职的时候，他还可以忍受生产线上的工作，而且做得比较用心。后来，很多员工知道了他是研究生毕业，这让他心态很不平衡。他觉得自己拥有研究生学历却要每天在车间里打杂，这是对人才的浪费，也是对自己的侮辱，这些简单的工作自己还不如随便做做。这样想着，他的心态稍有平衡，开始整天拿着手机上网、聊天，当遇到员工来找他工作的时候，他也会显得很不耐烦，甚至态度恶劣，常与人发生争吵。

一年后，一起来到车间锻炼的另一个员工，他是从一所普通大学毕业的，学历和能力都不如小赵，但是被调到公司与一所大学合作的研究项目组工作，小赵却依旧留在生产部门工作。他很不服气，去找领导理论。

领导看到他心浮气躁，语重心长地说："你是研究生毕业，而且在学校里面成绩优秀，各方面的条件都不错。当初公司招你过来，想要重点培养，所以把你放到基层去锻炼，让你熟悉基层工作，以便日后好做研究工作。公司里面很多有成就的专家都是这样走过来的。可是没想到，你不仅没有珍惜这次锻炼的机会，而且工作表现很差，甚至违反公司的规章制度，经常和员工发生争吵，这样的工作态度怎么能够提升自己，又如何担得起更重的责任呢？"

小赵听到领导的话后，并没有醒悟，还争辩："你没有事先说清楚，我怎么知道这是锻炼？而且公司这样的做法是在付出高额的代价和成本来考验一个人才，这种做法会白白浪费我的时间和精力，我来公司就是为了做研究，如果公司从刚开始就让我进入研究岗位，我肯定会为公司做出很大的贡献。"

领导听到他的辩解，更加失望，无奈地对他说："你怎么会这样想呢？一个人即使有能力，但是工作态度不端正，工作迟早也是会出问题的，如果你是这种想法，我们也不想挽留你。公司已经给过你机会，你却不知悔改，看来你并不适合我们这里的工作，你还是另谋高就去吧。"

小赵这时候才知道了事情的严重性，心里非常后悔，急忙向领导表示自己没有要离开公司的意思，希望领导再给自己一次机会。但是领导非常坚定地拒绝了，小赵只能离开公司。

小赵是个有能力有学历的人，如果他能够懂得摆正工作态度，认真工作就一定会前途无量。但是，他自视才高，虽有能力，却对工作充满了抵触情绪和怀疑态度，没有将工作岗位的制度和纪律放在眼里，在工作中放任自己，和员工发生争吵，和领导交流中也不思悔改，这种做事态度是极不负责任的，做人也是极端偏执的。最终，他只能失去工作机会，在职场中失败。

第八章 做好"分外"事,赢得分外彩

国王和王子打猎途径一个城镇,他们看见有三个泥瓦匠正在工作。国王问那几个匠人在做什么。

第一个人粗暴地说:"我在垒砖头。"

第二个人有气无力地说:"我在砌一堵墙。"

第三个泥瓦匠热情洋溢、自豪地回答说:"我在建一座宏伟的寺庙。"

回到皇宫,国王立刻召见了第三个泥瓦匠,并给了他一个很不错的职位。王子问:"父王,我不明白,你为什么这样欣赏这个工匠呢?"

国王回答说,"充满工作热情的人不会被手头的任务吓倒,而是用这种对结果的预期鼓励自己去努力,去克服可能遇到的各种困难。"

不难想象,这三个泥瓦匠若是生活在现代,第一个人仍然会"垒砖头",第二个人可能成为一个工程师,而第三个人则会拿着图纸指指点点,因为他会成为前面两个人的老板。如果我们对自己的工作充满热情,那么,我们不但能从中享受到快乐,还能在事业上大有作为。

良好的工作态度是做好工作的前提,一定的工作能力是做好工作的保证,工作态度体现的是一个员工的道德和修养,表现出来的也是员工的素质。一个人无论有多强的能力,多高的学问,如果不能够端正工作态度,就很难提升自己的能力。所以,工作态度是提高工作能力的前提和保证。一个人对待周围的人和事的态度,就会表现出他这个人的本质。他值不值得别人信任和尊重,能不能够被别人认可和接受,这些都取决于他的态度。有能力固然可以获取别人的信任,但如果自命不凡,会失去别人对你的尊重。

工作总是属于那些具有良好的工作态度，又拥有一定工作能力的员工。你必须转变自己的思想和认识，必须培养自己的敬业精神，尊重自己的工作，恪尽职守，以良好的工作态度对待工作，努力去提高自己的水平，成为一个综合素质较高的优秀员工。

对所有员工来讲，工作都不应该只是谋生的手段，而应是使命。当你用心工作，忠于职守，成为一种习惯时，不管你从事的工作有多么卑微，都应该把工作作为事业来对待。即使在最平凡的工作岗位上，也要不断地去提升自己的工作能力，在公司提供的平台上发展自己，成就自己，要学会以一种坦然的态度来享受事业的发展。

下篇 执行到位

第九章
工作是干出来的，不是喊出来的

收获成功要从积极行动开始

工作是人生的一部分，只要你立即着手积极行动，一件一件地完成眼前的任务，你就有可能比其他人更快地接近目标，攀上人生的顶峰。

在职场上，主动工作是一种特别的行动气质，也就是自己知道做有价值的事，避免被琐事干扰，不用别人催促，这对自己和工作都是一种负责的主动态度。心动不如行动，行动要靠主动。我们要想在工作上取得成就，就得主动工作，用行动收获一切。

其实，我们只要行动起来，威力同样会变得巨大无比，许多令人难以想象的障碍，也会被我们轻松突破，当然前提是行动起来。

亚历山大大帝在进军亚细亚之前，决定破解一个著名的预言。这个预言说的是，谁能够将朱庇特神庙的一串复杂的绳结打开，谁就能够成为亚细亚的帝王。

在亚历山大大帝破解这个预言之前，这个绳结已经难倒了许多国家的智者和国王。由于这个绳结的神秘性，导致了一个可怕的恶性循环，打不

第九章 | 工作是干出来的，不是喊出来的

开绳结，会严重影响军队的士气，军队没有了士气，失败也将成为必然的事实。

亚历山大大帝在仔细观察了这个结后，发现确实找不到任何绳头。这时，他脑中灵光一闪："为什么不用自己的行动，来打开这个绳结呢？"亚历山大大帝想到这里，毫不犹豫地拔出剑，对着绳结一挥，就把绳结一劈两半，于是，这个保留了百年的难题就这样轻易地解决了。

亚历山大大帝勇于行动，一心奔赴目标，不墨守成规，显示了非常的智慧和勇气，注定能成就伟业。立刻行动是实现目标的最重要的条件。但还有一种情况，当你无法确定自己目标的时候，也应该立刻行动，而不是坐在书桌前冥思苦想。

"没有机会，我怎么行动？"这句话几乎成为失败者最常用的托词，有志气的人是不会这样怨天尤人的。他们在做事前会密切观察留意机会，在工作过程中则尽可能利用一切可以利用的时机，他们不等待机会，他们会创造机会。

事实上，我们经常看到，无论是在职业的选择中，还是在工作和劳动中，很多成功的机会往往青睐于那些身处逆境的人，他们没有良好的条件，没有捷径可走，也不乞求外在机会的垂青，所以，他们的付出最实在，他们所得到的机遇也就最多。我们在职业选择过程中，必须充分认识到这一点，自觉而顽强地为自己创造机会。

在困难面前主动一些，你的行动会助你收获一切。不管前进的路上有多少坎坷，你除了认真思考外，还要立即行动起来。没有条件，要创造条件；没有时间，要挤出时间。总之，你一旦行动起来，就有成功的可能。

立即行动起来，会让你在行动中不断修正自己的计划，你并没有改变自己原来的目标，只是选择了另一条道路而已，目的地没有变。对工作的态度，也是如此，不要犹豫和等待，要立即行动。没有任何困难会因为你回避而自动消失，没有任何烦恼会因为你不去想而烟消云散。你没有别的选择，只能去面对，只能去迎接任何挑战。记住，世界是属于那些善于思考，也善于行动的人的。

在工作中，只有当你率先行动、真诚地为企业提供真正有用的服务时，成功才会伴随而来。而每一个老板也都在寻找能够在工作中率先行动的人，并以他们的表现来给予他们相应的回报。所以，好员工都明白一个道理：与其被动地服从，不如率先行动。

失败者和成功者的差别不在别处，就在于"心动"与"行动"。你是否有"心动"的想法，你是否将"心动"的想法付诸行动了，这是你梦想能否成真、事业能否成功的最重要的因素。

在工作中率先行动，就是听到了想到了，马上就能做到。具有了这种行动力，你就会抢占成功的先机。有句话叫"心想事成"，这句话本身没有错，但是很多人只是把想法搁置在空想的世界中，而不落实到具体的行动中，因此常常是竹篮子打水一场空。当然，也有一些人是想得多干得少，这种人比那些纯粹的"心理专家"要强一些，但通常他们也很难取得成功。

行动是一个敢于改变自我、拯救自我的标志，是一个人能力有多大的证明。在工作中行动起来，不但会让你为企业创造丰厚的业绩，还会让你在出色的工作中成就自己的事业。敢于梦想，勇于梦想，这个世界永远属于追梦的人。"心动"的想法更需要用行动来实现，而行动也是要靠"心

第九章 | 工作是干出来的，不是喊出来的

动"的想法、策略指引。只有把这两者完美结合，我们才能抢占成功的先机。平时要养成良好的习惯，从小事开始，有行动，才会有收获。想要到达最高处，必须从最低处开始，想要实现目标，必须从行动开始。

有许多刚刚步入职场的年轻人，自以为学识渊博，做了一点点工作就以为索取是首要的，对自己的薪酬也越来越不满足。然而，随着时间的流逝，他们越想得到的却越是得不到，于是拖延工作、抱怨老板。

汤姆刚从学校毕业，踌躇满志地进入一家公司工作，却发现公司里有那么多的局限性，而老板分配给他的工作又是一些比较简单的办公室日常事务性工作。一向高傲的他看到这一切，深感失望。

他开始到处发泄自己的不满，但并没有人理睬他。他只好埋头干活，虽然心里仍然存有不情愿的感觉，但不再像刚开始的时候那样浮躁了，而是努力地去做自己手头上的事情。每做好一件，他都会得到老板的肯定，他的"虚荣心"也就被满足一次，靠着这种卑微的"虚荣心满足"，日子就这样一天天过去了。

有一天，他认识了一位白发苍苍的老人，开始他并没有注意到这位老人，只是后来由于工作的原因，与那位老人打了几次交道。听人介绍说，这位老人就是赫赫有名的卡普尔先生，是公司总裁的父亲。他竟然是那么普通，那么不起眼，每天与大家一样上下班，风雨无阻，汤姆觉得不可思议。一次偶然的机会，老人对他说了这样一句话："把手头上的事情做好，始终如一，你就会得到你所想要的东西。"他记住了老人的教诲，即刻开始认真地做任何一件事情，无论自己分内的事情还是其他的工作，都尽心尽力地做好，而且在做了以后，自己的心态也就平静了许多。一年之

后，汤姆升任了部门经理。

可见，无论手头上的事是多么不起眼，多么烦琐，只要你认认真真地去做，行动就有收获，而且你还要凭着不懈的努力，坚持到底，就一定能逐渐靠近你的目标。在职场中奋斗的人都会明白，千里之行始于足下，都知道坚持不懈、永恒进取的魅力，可是真正能做到并落实到行动上的人却很少。

有目标，才有行动；有行动，目标才能实现；坚持住，才有成功。没有失败，只有放弃，有行动就不会失败。

不要空喊口号，关键在于执行

强大的执行力是具有敬业精神的一个重要组成部分，一个具有敬业精神的员工一定是一个执行力很强的员工。而在企业当中，有执行力的员工也一定能够让自己的发展道路变得更加通畅。而一个没有执行力的人是无法在工作中实现自我突破乃至蜕变的，更别说爱岗敬业了。

通用电气公司（GE公司）看重的是员工落实点子的能力，而不是能想出多少好点子。"你做了多少"是GE公司评价员工的核心观念。新员工进入GE公司，公司会在员工的入职教育中告诉他们，在GE公司的企业文化中，"你做了多少"是最重要的。即使你是哈佛大学的高才生，即使你有最出色的机会,一旦进入GE公司,他们只关注你的成绩,只关注你做了多少。

一次,海尔举行全球经理人年会。会上,海尔美国贸易公司总裁迈克说,冷柜在美国的销量非常好,但冷柜比较深,用户拿东西尤其是翻找下面的东西很不方便。他提出,如果能改善一下,上面可以掀盖,下面有抽屉分隔,让用户不必探身取物,那就非常完美了。会议还在进行的时候,设计人员已经通知车间做好准备,下午在回工厂的汽车上,大家拿出了设计方案。

当天,设计和制作人员不眠不休,晚上,第一代样机就出现在迈克的面前。看到改良后的产品时,迈克难以置信,他的一个念头17个小时就变成了一个产品,他感慨地说:"这是我所见过的最神速的反应。"

第二天,海尔全球经理人年会闭幕晚宴在青岛海尔国际培训中心举行,新的冷柜摆在宴会厅中。当主持人宣布,这就是迈克先生要求的新式冷柜时,全场响起热烈的掌声。如今,这款冷柜已经被美国大零售商西尔斯包销,在美国市场占据了同类产品40%的份额。

现代许多职场人一味地强调忙碌,却忘记了工作成效。做事并不难,人人都在做,天天都在做,重要的是将事做成。做事和做成事是两回事,做事只是基础,而只有将事做成,你的工作才算真正完成了。如果只是敷衍了事,那就等于在浪费时间,做了跟没做一样。这就是很多看起来从早忙到晚的人却忙而无果的重要原因。

做了并不意味着完成了工作,把问题解决好,才称得上是合格地完成了工作。所以，我们要想有好的发展，在工作时就不能将目光只停留在做上，而应该看得更远一些，将着眼点放在做好上。日事日清的员工只有把做好作为执行的关键，才能圆满地完成工作任务。

不可否认，每一位处于公司管理层的老板或者上司都希望令出必行，行之有效，得令的小兵小将们除了又快又好地去执行刚刚接手的工作任务，还有其他更能契合老板当下心意的良方吗？

所谓的"执行力"其实也是一种能力，一些资历深厚的HR在招聘员工的时候总是将执行力看作一个非常重要的衡量指标。在他们看来，身为一名员工，能不能按质按量地完成手头上的工作往往决定着一个人的工作效率。一个拥有高执行力的员工，其工作效率自然优于众人，他所创造的工作业绩同样也出类拔萃，鹤立鸡群。

老王是一家广告策划公司的老板，公司不大，所以他经常需要兼职面试官的工作。有一次，一位叫小谭的年轻人到公司面试，老王当时要求他在三天之内撰写出一份5000字的文字稿件，他当时收到考验之后，立马就回去做了精心的准备。老王原本以为他会在第三天交给他这份稿件，没想到第二天下午，小谭就将稿件稳妥地交到了他的手上。

当时老王心想，小谭完成稿件的速度确实还行，但是写出来的东西也未必就是精品。然而，再次让老王大感意外的是，小谭撰写出来的稿件确实文采飞扬，幽默感十足，应该搜罗了不少的资料，花费了较多的心血。看着他红通通的双眼，老王顿时觉得这个外表看起来略显青涩的男生，骨子里其实镌刻着果敢和迅速的精神气质。

事实证明，老王的眼光是正确的，这些年来，小谭优秀的工作表现的确让人佩服。他从企划部一个小小的文字编辑做起，不到五年的时间，就到了企划部部长的职位，这在人才济济竞争激烈的公司里并不是一件容易的事儿。

公司其他领导一提到他，也总是赞不绝口。尤其是他超强的执行力，一次又一次地赢得了公司老板的信任和肯定。作为企划部部长，他原本可以不用亲自操刀高层领导的演讲稿，但是他每次还是会主动请缨，最后要么自己独立完成，要么协助属下润色好稿子。直到现在，他经手过的任何文字稿件都没有出过差错，这不得不让人惊叹。

既然有执行力的员工是企业梦寐以求的，那么每一位职场人士就是替领导圆梦的士兵。因此，如何在工作中提升自己的执行力，成为像小谭那样具有敬业精神的员工，自然也成了迫在眉睫之事。

具体来说，我们需要在工作中做到以下几点。

首先，我们一定要增强自己的责任意识和进取心，因为它们是做好一切工作的首要前提，缺少它们，我们就只会像个懒鬼一样站在原地不动，最终无所作为。

其次，一定要讲究效率。在工作中要做到只争朝夕，提高自己的工作效率，坚决杜绝办事拖沓的恶习，尽快完成好自己当日的工作。

最后，我们必须脚踏实地，在追求工作速度的同时，保证好工作的质量。因为在公司领导的眼里，一件事情要是没有办成功，我们就算有再多的苦劳最终也是一场徒劳。

总之，我们要是没有执行力，公司高层领导的决策就没有办法转化成具体可观的经济效益，我们也无法成为一名合格的具有敬业精神的好员工，更无法让自己实现从优秀到卓越的蜕变。因此，我们需要从现在开始，锻炼自己的执行力，让自己成为一名拥有超强执行能力的好员工！

提高执行力，增强问题解决力

理智的老板，更愿意选择一个主动做事、日事日清的员工。因为，站在老板的立场上，一个缺乏时间观念的员工，不可能约束自己的懒惰意识，而全心地勤奋工作；一个自以为是、目中无人的员工，无法在工作中与别人沟通合作；一个做事有始无终的员工，他的做事效果值得怀疑。一旦你有这些不良习惯中的一个，给老板留下印象，你的发展道路就会越走越窄。因为你对老板而言，已不再是可用之人。

有三个人到一家建筑公司应聘，经过一轮又一轮的考试，最后他们从众多的求职者中脱颖而出。公司的人力资源部经理在第二天召集了他们，将他们三人带到了一处工地。

工地上有三堆散落的红砖，乱七八糟地摆放着。人力资源部经理告诉他们，每个人负责一堆，将红砖整齐地码成一个方垛，然后他在三个人疑惑的目光中离开了工地。

A说："我们不是已经被录用了吗？为什么将我们带到这里？"

第九章 | 工作是干出来的，不是喊出来的

B说："我可不是应聘这样的职位的，经理是不是搞错了？"

C说："不要问为什么了，既然让我们做，我们就做吧。"然后就干起来。

A和B同时看了看C，只好跟着干起来。还没完成一半，A和B明显放慢了速度。A说："经理已经离开了，我们歇会吧。"B跟着停下来，C却一直保持着同样的节奏。

人力资源部经理回来的时候，C只有十几块砖就全部码齐了，而A和B只完成了三分之一的工作。经理对他们说："下班时间到了，回去吧。"A和B如释重负地扔下手中的砖，而C却坚持把最后的十几块砖码齐。

回到公司，人力资源部经理郑重地对他们说："这次公司只聘用一名设计师，获得这一职位的是C。"

A和B迷惑不解地问经理："为什么？我们不是通过考试了吗？"

经理告诉他们："原因就在于你们刚才的表现。"

哪个老板不喜欢重用一个工作认真负责、没有任何敷衍的人。如果说，出身和学历是走向成功的阶梯，那么日事日清的工作态度就是你迈向成功的助推器。

每个人的能力都是可以培养的，这就意味着工作态度将决定一个人竞争力的高低。因此，身在职场，每一个人都要以认真负责的工作态度走好每一步。即使你什么能力也没有，但在你踏踏实实、日事日清地完成工作的过程中，你会得到锻炼，你的能力自然也就得到了提升。

职场中人，只要努力工作，就能找到成长的秘诀。如果你将工作视为

一种积极的学习，那么，每一项工作中都包含着许多个人成长的机会。成功者的经验证明：付出世界上最多的努力，才能获得世界上最大的幸福，要想获得最大的成就，就必须付出最大的努力去奋斗。

机会总是藏在工作深处，只有努力的人，才能够看到机会究竟藏在哪里。日事日清、兢兢业业的人，实际就是抓住机会的人；逃避工作的人，实际就是放弃机会的人。

世界上最大的金矿不在别处，就在我们自己身上。只要我们认真对待工作，以一颗责任心面对问题，在工作中不断思考，就能发现机会，创造不同凡响的人生。机会和财富从来不会青睐毫无准备的人。对于每一个平凡而普通的人来说，工作就是财富，工作就是幸福。日事日清，就是珍惜工作的每一天，从工作中发现机会和财富。

对工作敬业负责，对企业忠诚坚贞，不轻视企业也不轻视自己的工作。遇事积极主动、自动自发地工作，从不找借口推卸责任，懂得在工作中注重细节，明白工作中无小事，想着把工作做得更好的人，是企业最需要的人。

永葆进取心，追求日事日清，日清日高，是成功人士的信念。它不仅造就了成功的企业和杰出的人才，而且促使每一个努力完善自己的人，在未来不断地创造奇迹，不断地获得成功。每个员工的一小步，就是企业的一大步。员工是企业得以持续发展的坚实基础，只有员工进步了，企业才会不断成长和壮大，同样，只有企业发展了，员工才能获得进一步的成长。

实现自我、获得成功，把自己打造成高素质、高竞争力的优秀员工。在实际工作中积极适应企业发展，与企业一同进步，终将会成为企业中不可或缺的人才。

实干才能实现梦想

在职场中，面对同一份工作，有的人工作起来得心应手，诸事顺利；有的人却不尽如人意，怨声载道。请问，大家做的事明明都差不多，为什么最后会出现这两种完全相反的结果呢？

原因就在于前者总是能自觉承担责任，勇于担当，自动自发地去执行任务；而后者做事向来懒于思考，疲于行动，眼里根本就没有活儿，就算上级给他们安排了工作任务，他们也会随随便便应付了事。可以说，被动消极是贴在他们身上的最恰当的标签。

当然，我们必须要搞清楚，主动执行并非一句简单的口号或是一个简单的动作，而是要充分发挥自己的主观能动性，在接受工作任务后，尽一切努力，想尽一切办法，把工作做到最好。

董明珠，中国家电界一个举足轻重、掷地有声的名字。很多人好奇她为何会如此成功，也许我们可以从她一件小小的事件——"主动讨债"中找到答案。

初到格力电器时，董明珠只是一名最底层的销售人员，她被派到安徽芜湖做市场营销工作。当时，她的前任留下了一个烂摊子：有一批货给了一家经销商，但经销商很长时间都不肯付货款，几十万元的货款一直收不回来。

其实，公司并没有把收款的任务交给董明珠，所以按理说，她完全可以对此撒手不管，一门心思把自己的业务开拓好就可以了。可董明珠却不那么认为，她心想："既然我是公司的一分子，那别人欠公司的钱，我就有责任把这笔钱收回来。"

就这样，她跟那家不讲信誉的经销商软磨硬泡，经过几个月的努力，虽然没要到货款，但总算把货要回来了。

让董明珠没想到的是，这次"多管闲事"的讨债行为，刚好让公司见识了她的工作实力。很快，她就从基层员工中脱颖而出，坐上销售经理的位置。在后来的工作中，董明珠继续展示着她对责任的自觉担当以及对工作的超强执行力，这一切将她推上总裁的宝座。

可以看到，董明珠的成功并非偶然，她对责任的自觉担当以及她对工作的主动执行，才是她最终获得成功的根本原因。著名成功学家拿破仑·希尔曾经说过："主动执行是一种极为难得的美德，它能驱使一个人在没被吩咐应该去做什么事之前，就能主动地去做应该做的事。"

众所周知，执行是实现目标的关键，任何好的计划都需要员工高效的执行来完成，能否完美执行是考验一个员工能否成为优秀员工的条件。而员工自身执行力的高低，也直接决定了他们的职场前途。

纵观现代职场，那些发展最快、成就最高的员工，往往都是将责任承担得最彻底、将执行做得最出色的人。因此，我们要想在事业上有所成就，就必须培养自己积极、主动、负责的工作精神，自觉地从被动执行走向主动执行，唯有如此，我们才能获得宝贵的机会，实现自己的人生价值。

第十章
执行不到位，结果一定会错位

执行到位是关键

不管你执行任何什么工作，一定要将事情做到位。将事情做到位也是执行工作的最高境界。做到了这点，就能大大提升自己的执行效率。

在工作中，你可能感觉自己做的事情与别人差不多，做得差不多就已经够了。但是，你的上司一定对你的表现心中有数，你会因此而失去升职的机会。很多人之所以做事做得不到位，往往是因为他们会完成事情的80%，而忽略了剩下的20%，可恰恰是这最后的20%是关键的关键。它之所以关键，是因为正是要完成这最后的20%，你的成果才会显现出来，少一点都不可以。

什么事情，都要做到位。工作做到位，是工作严谨的体现，也是一种有能力的表现。对自己的工作不要敷衍，要认真去做，并尽自己最大的努力把它做好。在工作中，增加自己的执行能力，不但能让我们在职场收获信任，还能增加我们的机遇。

谭兴椿是一个在招待所工作的服务员，因为是下岗后再次就业，所以十分珍惜这份来之不易的工作。

一天，一位客人叫住她，要她帮忙买一块香皂上来。她不由得紧张起来，还以为是自己粗心疏忽了，忘记了给客人配发一次性香皂。她急忙向客人道歉，并表示自己马上帮客人把一次性香皂配好。客人告诉她，现在招待所里用的是小香皂，不过他不喜欢使用小香皂。因为一次性的小香皂个头小，质量差，还不方便拿在手里。

听客人这么一讲，她便出去为客人买回了大香皂。

第二天，这位客人走了，她收拾屋子时发现那块大香皂只用了一点点。宾馆里配置的小香皂却没有用过。于是，她灵机一动，心想："小香皂太小，不方便使用；大香皂太大，使用不了浪费太严重。如果我能做一种环形的大香皂，中心是空的，这样既能减少浪费，又能提高利润。"

有了这样的想法，她马上进行了市场调研。在服务行业，一次性香皂消费市场潜力巨大，一般的酒店宾馆一天就要消耗上百块。这是多么大的一次机遇啊！此时，她感觉，上天给了她一次巨大的机遇。

经过不懈的努力，谭兴椿的空心香皂获得专利证书，并研制成功投入生产。后来，她的空心香皂受到了广泛好评。

在做事情的时候，由于思考得多了一点，执行上更到位一些，结果，自己为自己寻求到了出路。我们在职场上也要如此，有时候，一个好的方法，一个好的点子，就能够让工作效率大大提升。因此，到位的执行工作，能让一个人发现许多商机。

只管做事，不管好坏，这在任何一家公司都是不允许的。要想做大事做成事，最先要做到的，就是要有一个明确的目标，能够按照目标，一丝不苟地把事情做到底。

　　职场上，许多大事情，许多关键的事情，都是由许多细小的事情和许多琐碎的事情堆积而成，没有小事的累积，也就成就不了大事。把小事做到位，大事自然就做好了。在职场中拼搏的人们，一定要将"把事情做到位"当成自己的一种习惯，当成自己的一种生活态度。如果能够这样，我们就能够与成功同行，与优秀同在。

　　每个人都有自己的工作职责，每个人都有自己的工作标准。社会上由于你所在的位置不同，职责也有所差异。但是，不同的位置对每个人都有一个最起码的做事要求，那就是做事做到位。做事情做到位是每个员工最基本的工作标准，也是一个人做人的最基本的要求。只有把事情做到位了，你才能提高自己的工作效率，才能因此而获得更多的发展机会。

　　各行各业，都需要那些能够把事情做到位的员工。如果你能尽自己最大的努力，尽力去完成你应该做的事情，那么总有一天，你能够随心所欲从事自己想要做的事情。反之，如果你每一天不管做什么事情都得过且过，从来不肯尽力把自己的本职工作做好，那么你将永远无法达到成功的巅峰，永远在失败的低谷徘徊。

　　工作中不乏这样的事情，行动方案不错，具体行动也有人去执行。但执行的结果是劳而无功，这其中的原因主要是落实者没有真正领会方案制订者的意图，没有体会到真正的方案的精神，而只是形式上机械地去落实，结果是，辛辛苦苦，却无功而返。

　　完美的决策，不等于完美的执行，没有完美的执行，就不会有完美的结果。很多时候，我们有了好的决策，也去执行了，但结果却不尽如人意，原因就在于执行了却没有执行到位，执行了却没有执行彻底。

小方是个在校大学生，暑假期间在一家咨询公司做兼职，从事市场调研员的工作。通过培训，公司向他传达了为调研员制定好的详细调研模式，规定了调研路线、方法、内容以及相关的细节问题，其中两项就是：每张调查表的最少调查时间，每天的调查表完成的数量。

小方热情高涨地去进行市场调查了，但和他所预计的完全不一样。人们并不愿意接受他的调查，更不愿意填写调查表。不要说满足最少的调研时间了，很多时候刚刚敲开门，人家一听是搞市场调查的，就砰的一声关上了门。

一个上午，小方仅仅完成了几张调查表，距离公司的要求还差很多，怎么办？完不成任务的话，没有钱拿事小，不能被人笑话自己这个大学生还不如别人。他想到了一个"高明"的办法，找了个小冷饮店，自己开始"认真"地填写调查表。到最后交调查表的时候，小方的调查表是数量最多、数据最完整的，领导还表扬他明天继续努力。

但第二天公司领导找他谈话了。原来公司有很完善的数据真实性检验模式，通过检验，公司已经发现了小方的作假行为。

只要是工作，就要用自己的全部精力，把它做到最完美。不能差不多就行了，像有些人一样，看似一天到晚都在忙碌，似乎有做不完的事，但是却忙碌而无效。

只有有效地执行，才能真正把事情做好。只有完美地执行，才能把事情做到位，做彻底，才能有一个完美的结果。只有抓好执行，才能把任务变成行动，才能把美好蓝图变成现实。

凡事都可以做得更出色

有这样两个秘书,老板安排他们买车票。一位秘书将买来的车票,就那么一大把地交上去,杂乱无章,易丢失,不易查清时刻;另一位却将车票装进一个大信封,并且在信封上写明列车车次、座位及启程、到达时刻。

同样的事,后面这位秘书却能多注意到了细节,虽然只是在信封上写了几个字,但却使别人省了很多事。如果你是老板,你会更加欣赏哪一位秘书?答案可想而知。

富兰克林人寿保险公司总经理贝克说:"我奉劝你们员工永不满足。

这个不满足的含义就是永不止步,就是积极进取。这个不满足在世界的历史上已经导致了很多真正的进步和改革。我希望你们绝不要满足。我希望你们永远迫切地感到不仅需要进步和改革。我希望你们绝不要满足。我希望你们永远迫切地感到不仅需要改进和提高你们自己,而且需要改进和提高你们周围的世界。"

工作中的任何事,只要努力、用心去做都可以做得更好。我们中有很多人,在对待工作时,总是觉得做了就行了,却不愿意多花一点心思去想,我要怎么样才能将这件事做得更好、更到位?在同一个岗位,每个员工的能力其实相差并不悬殊。可同一件工作,有人能把它做得非常到位,

责任到人 执行到位

近乎完美；而有的则只是基本合格，重点就在于是否全力以赴，尽自己最大的努力去做到最好。

刚进入企业时，小叶只是一个普通的勤杂工，做的是琐碎的工作：打扫卫生、清理垃圾、递交文件等。虽然工作琐碎辛苦，但小叶从来没有怨言，总是尽职尽责地做好每件事。她唯一的交通工具是一辆自行车，不管目的地在哪里，不管晴天还是雨天，连续五年，她都从没迟到或早退，一直保持上班全勤。

工作努力，乐于助人的小叶，年年都被企业评为优秀员工。她自动放弃每两周一次的周六休假，也从未要过加班费。小叶所到之处，你不会看到地上有一片纸屑、一个烟头，不会看到不该亮的灯、滴水的水龙头。她似乎比企业领导还要珍惜和爱护企业，在工作中也力求什么都做到最好。

她的这种工作境界，赢得了所有同事的尊重。当那些拥有高学历、高职位的员工在抱怨工作不顺时，小叶依然认真地做事，任劳任怨，自得其乐。很快，在众人的羡慕中，小叶被破格提升为企业的总务部主任，进入了管理阶层。

当一个员工在工作中，无论做什么事都尽自己最大努力去做，还有什么事不能做好呢？企业中不差会做事的人，但是如果每个员工都能严格要求自己，凡事都尽力做到最好，这样的员工再多企业不会嫌多。

工作中，只有那些不能满足于现在的成绩和地位，不断超越，不断地在工作中追求卓越的人，才会要求工作精益求精、不断进步，这也是一个企业主人该有的工作作风。一个企业要想做大、做强，就要不停地超越，超越他人，更要超越自己。任何一名员工，只要以企业的主人对待工作，愿意为企业的利益着想，对自己的所作所为负起责任，就能持续不断地寻找解决问题的方法，把工作做得更好，更到位。

没有最出色，只有更出色。让产品更好，让服务更细致周到是每位员工义不容辞的责任。当你以追求卓越的心态去做事情的时候，你知道什么是自己应该去做的，并且知道怎么样做才能做到更好。

变"差不多"为"精益求精"

人都有惰性。如果你现在在一个平庸的职位上可以得到不错的待遇，并因此缺乏向更高职位努力的动力，那非常遗憾，因为你的进取心开始被消磨了。其实，你有能力做得更好。

如果你认为自己做得挺好，可以站稳脚跟了，别人也这么告诉你，那你应该听听这番话：其实你的薪水不算多，你要是不想争取更多，恐怕就连这点薪水也不能保住。现在的社会就像逆水行舟一样，不进则退，不做得更好，就会变得更差，甚至有的时候慢进也是退，你已经做得比较好了但是还会被淘汰。你知道有多少人在盯着你吗？那些能够做得更好的人，正等着把你挤下去呢。只有更好没有最好，你要想生存就得拼着命把工作做到自己的极致。

一天，一位管理专家为一群商学院学生讲课。他现场做了演示，给学生们留下了一生难以磨灭的深刻印象。

管理专家说："我们来做个小测验。"他拿出一个一加仑的广口瓶放在他面前的桌上。随后，他取出一堆拳头大小的石块，仔细地将石块一块块放进玻璃瓶里。直到石块高出瓶口，再也放不下了，他问道："瓶子满了吗？"所有学生应道："满了。"管理专家反问："真的？"

他伸手从桌下拿出一桶砾石，倒了一些进去，并敲击玻璃瓶壁使砾石填满下面石块的间隙。"现在瓶子满了吗？"他第二次问。但这一次学生有些明白了，"可能还没有"，一位学生应道。"很好！"专家说。

他伸手从桌下拿出一桶沙子，开始慢慢倒进玻璃瓶。沙子填满了石块和砾石的所有间隙。他又一次问学生："瓶子满了吗？""没满！"学生们大声说。他再一次说："很好！"

然后，他拿过一壶水倒进玻璃瓶，直到水面与瓶口持平。接下来专家发问："你们明白了什么道理？"同学们纷纷发言，最后，他笑着说道："你们的看法也是对的，但我认为这个演示说明的意思是，哪怕你做得再好，但只要你继续努力的话，你完全可以做得更好！"

作为一个职员，如果你想迅速获得提升，就找一些同事们啃不动的工作，去努力完成它。做好了，你就会脱颖而出。如果一个人做起事来总是精益求精，总是让别人惊喜，上司自然会注意到他，必要时自然会把他提拔到重要的位置。没有一个雇主不喜欢有上进心的下属，他们也在随时观察员工们的表现，你必须把经验、学识、智慧和创造力发挥得淋漓尽致，争取达到惊人的效果，为自己的发展创造条件，所以你没有理由不做得更好。

曹景行是著名媒体人，历任《亚洲周刊》副总编辑、《明报》主笔、亚洲联合卫视总编辑。1998年加入凤凰卫视，其开创的《时事开讲》栏目，获《中国电视节目榜》"最佳新闻类节目"。激烈的媒介竞争使曹景行有"资料饥渴症"，每天的看报量要达20份左右，国内国外的报纸都有。每天"狂吃"的不但有报纸，还有新来的杂志，而且还边看边听电视。还要上网，去捕捉最新动态和突发事件。经常要立即选题、改题和定题，往往是边看边想。常常是为了20分钟的节目，他背后要花七八个小时的努力去准备。

曹景行最怕的是休假和出差。一到出差，就看不到港台报纸，信息量受到限制，等回去工作时心里就没底。为了保证新闻思维的连续性，就要立即补看落下的报刊资料。曹景行虽然已经是业界公认的大师级人物，但他深知传媒领域快鱼吃慢鱼的道理，所以70岁了仍然孜孜不倦地工作着，就为了把工作做得更好。

著名女歌唱家玛丽布兰有一个绝招，她能够从低音D连升三个八度唱到高音D，这样的高难度技巧令人大为折服。一天，一位评论家忍不住请教了她成功的秘诀，玛丽布兰说："嗯，那可是我费了很大的力气才做到的。开始我为了练这个音花了很长的时间，那个时候，不论我在做什么，穿衣也好，梳头也好，我都在试图发这个音。最后，就在我穿鞋的时候，我终于找到了这种感觉。"没有这种为了艺术事业而追求极致的精神，玛丽布兰就绝不可能达到如此的巅峰状态。

刚有点儿小小成绩就浅尝辄止、安于现状、不思进取的人不会做出什么大成就。一个有崇高目标、期望成就大业的人，总是在不停地超越自我，拓宽思路，扩充知识，敞开生活之门，希望比周围的人走得更远。他有足够坚强的意志，激励自己做出更大的努力、争取最好的结果。

有了问题立即解决

工作中，我们不可避免地要遇到各种各样的问题，这些问题就是横在我们面前的一道道坎，是迎难而上、勇敢地越过它，还是知难而退，遇到困难绕着走呢？很显然，执行到位的员工，绝不会在困难面前止步，更不会逃避或推诿。面对问题，他们的第一选择肯定是：解决它！

职场中的优秀人士无不具有这样一种职业素质，只要是工作中出现的问题，就是自己必须要解决的问题，他们不会寻找任何借口逃避问题。如果遇到问题把它放在那里不去解决，那么，自己的工作其实就是没有到位，这类员工的工作能力和工作态度就值得怀疑。

"三个和尚"的故事我们都听说过：一个和尚自己挑水吃，两个和尚还可以抬水吃，三个和尚互相推诿，谁也不去打水，最后大家都没水吃了。在工作中，问题如果出现了，不要把它放在那里，放在那里只会使问题越积越多，也不要侥幸地希望别人来处理，等和靠都是于事无补的，问题出现了，解决它才是唯一的出路。

第十章 | 执行不到位，结果一定会错位

李开复历任微软副总裁和Google中国区总裁等职，他是许多职场人士的偶像。

李开复初入职场时，曾经在苹果公司担任技术工程师。有一段时间，公司经营遇到了很大的问题，员工士气比较低落，整个公司的氛围都很压抑，如果不立刻找到突破口，问题会越来越严重。

本来这些问题对李开复来说似乎是"分外"的事情，他是搞技术的，不是搞市场的，经营问题本应该由市场部来解决。但是，李开复没有这么想，他认为，作为苹果公司的一分子，公司的问题就是自己的问题，自己应该主动帮助公司解决问题。

李开复积极开动脑筋，想方设法地为公司出谋划策，以帮助公司渡过难关。他写了一份题为《如何通过互动式多媒体再现苹果昔日辉煌》的报告，指出了公司存在这样一个现象：公司有许多很好的多媒体技术，可是因为没有用户界面设计领域的专家介入，这些技术无法形成简便、易用的软件产品。他建议，把多媒体技术作为公司打开市场的一个突破口。

报告送到高层领导那里以后，他们非常欣赏这个想法，最后一致决定采纳李开复的意见。结果，苹果公司平安地渡过了这次危机，李开复很快被提升为媒体部门的总监。

多年后，李开复遇到了一位当年在苹果公司的上司，对方感慨地对他说："如果不是那份报告，公司就很可能错过在多媒体方面的发展机会。今天，苹果公司的数字音乐可以领先市场，也有你那份报告的功劳啊。"

可能职场中的大多数人都不会主动去揽这样的"分外事"，自己职责之内的问题还没解决呢，何必"多此一举"呢？但是，那样的员工也永远

成不了职场中耀眼的成功人士。

很多人不愿意解决问题，不是没有解决问题的能力，而是缺少执行到位的意识。他们总觉得自己干的还可以就行了，遗留一点问题不要紧。在工作中，只要出现了问题，我们就不应该放过，应该解决所有的问题，做一个拥有完美执行力的员工。只有这样，我们才能在职场中做出令人瞩目的成就。

很多人在面对困难时，总会有这样的想法："这个问题领导没有直接指示我去做，让技术部的同事们去处理吧！""客户对产品的质量提出了质疑，又不是我一个人生产出来的，我出这个风头干什么？""我已经把工作完成了，出现了新问题我可就不管了。"

工作中出现了问题，如果没有把问题解决掉，就是工作没有做好。把问题留在那里，就是工作没有执行到位。尽自己最大的努力，在第一时间就把问题解决掉，绝不拖延，绝不给工作留"尾巴"，这样才算是执行到位，这样工作才能取得理想的成果。

害怕面对问题，把问题留给别人，就是把机会让给别人。工作中，能否解决问题，表面看起来与机遇没有关系。但实际上，只要把工作中的每一件事都干好，把遇到的每一个问题都处理好，让自己拥有完美的执行力，那么，你最终就能开启成功的大门。

第十一章
做事要方法，落实讲策略

以"零缺陷"的标准去工作

众所周知，一家企业若想在市场竞争中屹立不倒，就必须拥有一流的产品和服务。那问题来了，判断产品和服务是否一流的标准又是什么呢？

毫无疑问，简简单单的三个字——零缺陷。而要想做到这一点，企业的每一位员工必须恪尽职守，全力以赴地去工作，最后用百分之百的负责精神换取一个完美的工作成果。

有一家生产降落伞的工厂，他们制造出来的产品从来都没有瑕疵，也就是说，他们生产的降落伞从来没有在空中打不开的不良记录。

有一位记者觉得这不太可能，于是他找到这家工厂的负责人，希望能够借采访打探出生产零缺点降落伞的秘诀。记者首先恭维老板的英明领导与经营有方，随后简明扼要地说明来意。老板说："要求降落伞品质零缺点是本公司一贯的政策，想想看，在离地面几千米的高空上，万一降落伞打不开的话，那么使用者在高空跳落过程中岂不是魂飞魄散？人命根本就没有受到应有的重视！"话毕，老板又漫不经心地说："生产这类产品其实并没有所谓的奥秘！"

老板的话令记者一脸狐疑，他仍不死心地追问："老板，您客气了，我想其中一定有诀窍，否则，贵工厂的产品怎么可能有这么高的品质？"

此时，老板嘴角露出一抹微笑，他淡淡地说："哦，要保持降落伞零缺点的品质，其实是很简单的，根本就不是什么艰深难懂的大道理。我们只是要求，在每一批降落伞出厂前，一定要从整批的货品中随机抽取几件，将它们交给负责制造该产品的工人，然后让这些工人拿着自己生产的降落伞到高空进行品质测试的工作。"

乍一看，这位工厂老板最后的回答相当幽默，但细细思量一番，就会感到脊背发凉。如果我们是这家工厂负责生产降落伞的工人，我们肯定不敢对自己的工作掉以轻心，否则，那最后拿到质量不过关的降落伞，白白丢掉性命的就很有可能是我们自己。

20世纪60年代初，菲利浦·克劳士比提出"零缺陷"思想，并在美国推行零缺陷运动。后来，零缺陷的思想传至日本，在日本制造业中得到了全面推广，日本制造业的产品质量得到迅速提高，并且领先于世界水平。而菲利浦·克劳士比本人也因此被誉为"全球质量管理大师""零缺陷之父"和"伟大的管理思想家"。

其实，很多人不知道，"零缺陷"的理论核心正是："第一次就把事情做对。"众所周知，在实际的工作中，每个人都难免会犯下错误，但"零缺陷"理论要求我们树立"不犯错误"的决心。也就是说，我们必须提高自己对产品质量和服务质量的责任感，全力以赴地去工作，争取一点儿错误也不犯，将工作做到位。

第十一章 | 做事要方法，落实讲策略

海尔集团首席执行官张瑞敏说过："有缺陷的产品，就是废品！"除了字面上的意思外，这句话还可以换个角度来理解，那就是生产出有缺陷的产品的员工，就不是一个对工作全力以赴的、负责任的好员工。

去过海尔集团参观的人都知道，海尔展览馆存放着一把大铁锤，海尔人认为这把大铁锤是海尔发展的功臣。原来，这把大铁锤的背后藏着一个发人深省的故事。

1985年，张瑞敏刚到海尔（时称青岛电冰箱总厂）。那时，冰箱的需求量很大，海尔生产出来的冰箱都能轻松地卖掉。

1985年4月，张瑞敏收到了一封用户的投诉书，说海尔冰箱质量有问题。这封投诉书让张瑞敏意识到问题的严重性，他随即突击检查了仓库，发现共有76台冰箱存在各种各样的缺陷。

当时研究处理办法时，职工们意见：作为福利处理给本厂有贡献的员工。可张瑞敏却说："我要是允许你们把这76台冰箱卖了，就等于允许你们明天再生产760台这样的冰箱。"

后来，海尔搞了两个大展室，展览了劣质零部件和76台劣质冰箱，让全厂职工都来参观。参观完以后，张瑞敏把生产这些冰箱的责任者留下，然后拿着一把大锤，对着冰箱就砸了过去，把冰箱砸得稀烂。紧接着，他又把大锤交给责任者，让他们把这76台冰箱全销毁了。

当时在场的人都流泪了。要知道，一台冰箱当时要卖八百多元钱，而每人每月的工资才四十多元钱，一台冰箱就相当于一个人两年的工资。

那时海尔还在负债，并且这些冰箱也没有多少毛病，有的冰箱只是外观上有一道划痕。张瑞敏的这一举动无疑令很多人难以理解。但是，正

- 149 -

是这一锤"砸碎"了过去陈旧的质量意识,"砸醒"了全体员工,这一锤让员工明白了:如果不按照"零缺陷"的标准去工作,海尔随时有可能倒下,所有人将失去工作!

这件事过后,"精细化,零缺陷"很快就成了海尔全体员工的工作信念。员工们一改往日马马虎虎、将就凑合的态度,全力以赴地投入到工作中,对于每一个生产细节都精心操作,绝不敢有丝毫的放松懈怠。

如今的海尔已从当初那家资不抵债、濒临破产的集体小厂发展为全球家电第一品牌的大公司,如此显著的变化,显然要归功于海尔员工"零缺陷"的工作标准。

不可否认,工作"零缺陷"并不是那么容易做到的事情,但只要我们把工作当作自己的事情来做,不放过任何错误,自始至终都以"零缺陷"的标准来工作,那总有一天我们会美梦成真!

找对方法做对事

两个农民比赛谁的土豆窝挖得直。说好之后,甲农民就拿起工具开始行动。他是怎么做的呢?挖第二个土豆窝的时候和第一个对齐,他以为这就是最妥当的方法,谁知,等到他挖完了一行的时候,发现自己的土豆窝已经向一边倾斜了很多。

这个时候，乙农民刚刚拿好工具，他先在田的另外一头插上了一根长长的竹竿，然后开始不紧不慢地挖起窝子来。不多时候，一条笔直的土豆窝线便出来了。

甲大感不解，和乙交谈起来，乙告诉他，在开始行动的时候，他先仔细考虑了究竟什么叫直，怎么才能挖得直。他得出的结论是从田地这边到田地那边定好的一段笔直线段，单单两个土豆窝子是直的是不行的，于是他便在田那边竖起一根竹竿，照着竹竿的方向挖，一发现微妙的偏差，便开始调整。他评论A的方法说，看着前一个土豆窝决定第二个土豆窝的位置，如果第一个有所倾斜，第二个就会跟着倾斜，这样就越来越斜了。

一个简单的挖土豆窝子都可以有这么大的学问。你做事又是怎样的方式呢？乙农民在做事之前，一定先弄清目的。弄清目的，便可以为自己的行动设计出最有效率的方式。思考了之后再去做，你会发现，你做事情的效率增长很多。

如果缺乏事前思考的习惯，每次一有了任务就急于去完成，就会每次都付出很多，收获很少。因为，这样总是会走一些弯路，很多时候不得不重新进行，害得自己总是匆匆忙忙的。如果你属于比较善于思考的类型，总是把工作分成几部分，经过慎重考虑后再着手进行，这样工作起来会轻松很多，而且效率很高。

无论是做一件具体的工作，还是自己人生中的每一步，你都要想好了再去做。

在这个世界上，最容易做的事，大约就是找借口了。

"现在是淡季，所以目标没有完成。"

责任到人　执行到位

"我们人手太少，怎么干得过来？"

"我那天正好出差了，没有盯现场结果出了差错。"

所有的问题，无论事情大小，都可以毫不费力地找个借口，轻描淡写地把它"解决"掉。于是，你可以心安理得，可以安于现状，可以为自己解脱。就像狐狸吃不着葡萄，它就找出一个美丽的借口——葡萄是酸的，非常轻易地把问题给"解决"了。然而，借口好找，存在的问题却始终还在。很多人都讥笑狐狸的可怜，但自己其实也在有意无意中扮演一只找借口的狐狸的角色。

临近年关，某出版社发行部又开始为回款问题而忙碌。在区域经理老张负责的片区里，有一家民营书店经营不善，有倒闭的迹象。老张对这家书店采取断货措施已经有半年多的时间了，其中一直不停地追款，总算将二十多万书款中的十余万追回，几经艰难的围追堵截，书店老板终于又开出了一张十万元的现金支票。

老张高高兴兴地拿着支票到银行取钱，结果却被告知，账上只有99960元。老张连忙打书店老板的手机，老板不接。发信息，也不见回复。看来中了书店的招了，书店老板欲用空头支票将货款继续拖欠。空头支票是要被银行罚款的，一般是票面金额的5%，屡次签发的银行还会停止其签发支票的权利。

第二天就要放假了，老张如果再不及时拿到钱，来年的问题就更难预料了。要是书店真的关张，这货款要回笼将是非常难的。怎么办？

老张坐在银行仔细想了一会儿，之后打了一个电话给发行部老总，先汇报了事情的经过，然后要求经理想办法找个名目汇款50元到书店开出支票的账号上，以凑齐账号上的十万元，由自己取出十万货款再说。很快，经理就将事情办妥。老张手里十万元的现金支票终于得以变现。

老张在现金到手后，发了一个简短的信息给书店老板。大意是：您的账上现金不够，我一直联系不上您，为了避免您被银行罚款，我想办法帮您凑齐了尾数。再就是感谢与祝福之类的话。

方法总比问题多。在问题面前，我们不要总是想找借口，而要积极地想办法。只要将思考的方向朝解决的正面挺进，或许一盘死棋也会活起来。要找到一种好方法，首先你得对问题分析透彻，然后才能对症下药。你必须找出问题的关键点来，而不能去误打误撞，那样成功的概率很小。很多问题是纷繁复杂、环环相扣的，你要能追本溯源，找出问题的症结所在，然后再想办法从根本上加以解决。如果对问题到底是什么都不清楚，你又怎能找到解决问题的方法呢？

方法是无穷无尽的，只要你能想得出来又能起到良好效果，都可以称之为方法。一种方法可以解决不同的问题，一个问题也可以用不同的方法去解决。很多时候不是没有方法，而是没有一种最好的方法。所以，你还要善于开拓创新，用行之有效的新方法来解决问题。

要找到一种好方法，思维的转换非常重要。你不能仅仅从一个角度去分析问题，那样只会把问题看死，你的思路也会走进死胡同。你可以逆向思维，也可以把问题转换一个方式。

你的眼界一定要开阔，要能从方方面面去思考解决问题的方法。你要常常问自己："我是不是只能这样看这样想？还有没有其他的方式？"不要觉得自己只有一两条路可走，你一定还有能力去发掘第三条，而成功往往就蕴含在其中。

如果你有什么新颖的想法，你一定要勇于去试验它，不管它看起来多么不切实际。不把方法运用到实践中去，你永远都不知道这个方法是有效还是无效。你要相信自己，既然你能想得出来，就有其一定的道理。也许你再把它加以完善，它就是一个绝好的方法。

人生之中，难免会有一些事情很难做，不能够很好地做成也许是情有可原的，很多人也习惯于为自己找个理由来推卸责任。在失败的时候，我们常常会抱怨外在的一些条件，寻找一些借口来开脱自己，这固然能让我们摆脱失败的责任和阴影，使得我们看起来更加完美。但是，遇事总是找借口，不仅没有任何意义，反而会使你离成功越来越远。

不找借口找方法，是一种成功者的思维。它往往能让我们脱颖而出，争取到更大的发展空间。不要抱怨自己运气不好，你该清楚，绝大部分的机会都是你自己争取来的。一个绝妙的方法就是开启机会大门的钥匙，也可能成为你一生之中的转折点。

第十一章 | 做事要方法，落实讲策略

讲方法，去浮躁

我们在工作中，一定要拒绝浮躁的工作态度，不管做什么事情，我们都要积极主动、谨慎、细致、踏实、沉得住气，只有这样，我们才能得到老板的重用和赏识，才能在职场上平步青云。

凡是成大事者，都力戒"浮躁"二字。只有踏踏实实行动才可能开创成功的人生局面。浮躁会使你失去清醒的头脑，在你奋斗的过程中，浮躁占据着你的思维，使你不能正确制定方针、策略而稳步前进。所以，任何一位试图成大事的人都要扼制住浮躁的心态，只有专心做事，才能达到自己的目标。

我们做任何事情都不能太着急，尤其是工作中比较重要的事情，我们更是要谨慎、沉稳地对待。我们都知道，成功的人往往是那些沉得住气的人，他们做事情总是有条有理，不会出现大的纰漏。相反，一个人如果心浮气躁、急功近利，那这种浮躁的工作态度肯定会让他的工作变得异常艰难。

所以，我们在工作中一定要沉得住气，努力做一个不浮躁的人。要知道，沉得住气不仅是一种崇高的工作境界，同时还是一个人品质的体现。在日常工作中，那些做事心浮气躁的人，通常都有点好高骛远的毛病，他们在人生道路上总会遇到各种挫折和困难。而对于那些一心一意、脚踏实

地工作的人来说，他们工作认真努力，在经过一段时间的磨炼后，往往就会成为出类拔萃的人。

古代有个叫养由基的人精于射箭，而且有百步穿杨的本领。据说连动物都知晓他的本领。一次，两只猴子抱着柱子，爬上爬下，玩得很开心。

楚王张弓搭箭要去射它们，猴子毫不慌张，还对人做鬼脸，仍旧蹦跳自如。这时，养由基走过来，接过了楚王的弓箭，于是，猴子便哭叫着抱在一块，害怕得发起抖来。

有一个人很仰慕养由基的射术，决心要拜他为师，经过三番两次的请求，养由基终于同意了。收他为徒后，养由基交给他一根很细的针，要他放在离眼睛几尺远的地方，整天盯着看针眼。看了两三天，这个学生有点疑惑，问养由基说："我是来学射箭的，老师为什么要我干这莫名其妙的事情，什么时候教我学射术呀？"养由基说："这就是在学射术，你继续看吧。"这个学生开始还好，能继续下去，可过了几天，他便有些烦了。

他心想，我是来学射术的，看针眼能看出什么来呢？这个老师不会是在敷衍我吧？

养由基教他练臂力的办法，让他一天到晚在掌上平端一块石头，伸直手臂。这样做很苦，那个徒弟又想不通了，他想，我只学他的射术，他让我端这石头做什么？于是很不服气，不愿再练。养由基看他不行，就由他去了。后来这个人又跟别的老师学，最终也没有学到射术，白走了很多地方。

其实，如果他能脚踏实地，不好高骛远，甘于从一点一滴做起，他的射术肯定会有很大的进步。一个人有理想、有目标固然是好事，然而太想

第十一章 | 做事要方法，落实讲策略

成功，做事又太过浮躁，就会让事情走向反方向。就拿那个学射箭的人来说吧，他之所以错失成功的机会，完全是因为他的态度过于浮躁，做事不够踏实。如果他能朝着自己选择的方向沉稳前进，一步一个脚印，踏实一点，务实一点，那么只要他坚持下去，就能有所成就。然而，遗憾的是，他太过心浮气躁，太着急了，所以最后等待他的只能是失败。

在如今的职场上，随处可以听到激励人心的口号，很多人在听到这些口号后，很容易做出冲动冒进的事情来，在工作中横冲直撞，最后非但没有成功，反而死死地切断了自己的退路。而且，等到我们回过头来看时，就会发现，那些原本没有自己成功的同学、朋友、同事，都已经有了非常好的工作，生活十分安定和富足。所以说，心浮气躁、急功近利是工作的大忌。

总之，不管我们从事什么样的工作，一定要学会拒绝浮躁的工作态度，做事务必追求踏实和沉稳，千万不能急于求成。要知道，浮躁只会让我们的心境大乱，只会蒙蔽我们理智的双眼。而对于一个失去理智的人来说，即便他再聪明，也很容易在工作中做出错误的事情来。

当然，一个人想干出一番事业这并没有错，但千万不可太着急，太浮躁。假如我们可以静下心来，对自己的工作重新进行认识，让自己明白工作的重要性，那么，我们就能避免出错，从而获得成功。

平凡的员工，只会安于现状，不懂得主动进取。如果我们没有一颗想要进步的心，那就永远都只是一个平凡的打工者。优秀的员工则刚好相反，他们不会安于现状，会让自己远离安逸，从而更好地完成工作。他们会主动工作，不去想报酬，也不会去管别人的目光，只关心着自己工作的进展，尽心尽力地努力将工作做到更好。

责任到人 执行到位

懒惰的人会觉得自己身体疲惫不堪，做事情懒懒散散，而且会去逃避自己应该做的工作。这种做法显然是不可取的。不论如何，一个人想要做好工作，就必须摆脱这种懒散被动的状态，时刻让自己的头脑保持清醒，让自己的身心处于一个最佳状态。只有这样，我们才能全身心地投入到自己应该完成的工作中去，最后做出成绩。

我们需要养成积极主动的工作习惯，做事绝对不能拖拖拉拉，消极被动。要知道，我们不是在为老板工作，而是在为自己工作，如果我们养成了做事被动消极的坏习惯，那只会降低工作效率，最后使得工作无法正常完成。

大学时读经济管理专业的紫彤来公司已经半年了，她是普通的秘书，实际上更类似于一个打杂的。紫彤每天面对的是形形色色的报表，而她只需要把这一摞报表复印、装订成册即可。在其他同事忙得不可开交时，她会去凑个手。

紫彤面对这样凌乱而且不太可能有发展机会的工作，并没有得过且过，反而更加积极主动地工作。在复印并装订报表的时候，她先仔细地过目各种报表的填写方法，逐步地用经济学的方法分析部门的开销，并结合部门的一些正在实施的项目，揣度部门的管理情况。工作到第八个月的时候，紫彤书面汇报了部门内部一些不合理的经济策略，并提出相应的整改意见。现在的她，已经被提升为副科长了。

有着勤奋务实的精神和积极主动品格的员工，正是老板所需要的人。他们往往也能够从工作中得到更多提升个人价值的机会。每个人都希望自己可以在职场上升职又加薪，每个人都希望自己可以获得一个好的发展空间和平台。而要想实现这些美梦，我们就必须踏实工作，不浮躁，不急于求成，积极主动，等到有一天，我们会惊讶地发现，当初的那些努力在慢慢地回报我们，帮助我们实现自己的人生目标，甚至是成就我们的辉煌事业。

直面困难，工作让你更勇敢

工作中，很多人都会遇到困难，人们面对困难时的态度也不尽相同。有的人敢于直面困难，有的人在面对困难时却是畏首畏尾。其实，当你把困难当成是成功对你的历练时，你将如凤凰涅槃，成为在困难面前无往不胜的勇将。而当你把困难看成是上天给的不幸、摧残时，它就是吓退你的障碍，等待你的将是危机重重，难以闯过的关卡。而一名具有优秀的员工一定是一位能够直面困难，并向困难发起挑战的人。

事实上，工作当中存在困难是在所难免的，因此，我们需要在困境中努力磨砺自己，在反思中强大自己，在黑暗中看到阳光的自己。没有人能随随便便成功，在人生的道路上遭遇困难，在职场遭遇不幸，那是成功对你的磨炼。是勇敢应对，努力走出困境，还是意志消沉，左顾右盼不敢面对？

你的选择将决定你今后人生的样子。依靠智慧在困境的磨砺中自我反思，是对自己内心最真挚的回应，你能从困境的锻炼中成长起来。敢于接受心灵的回应，你就敢于面对，无论前方等待你的是什么，无论向前走的后果怎么样，你都会勇往直前，从困境中站立起来。作为企业的员工，假如我们有这种坚持不懈的精神，有这种不顾一切的魄力，那么就没有什么能阻挡我们突围困境了。

有一个小伙子，在幼年时，他有一个理想，盼望自己长大后可以成为一名优秀的赛车手。他曾开过卡车，培养出了很好的驾驶技术。

后来，他选择到一家农场里做司机。在工作之余，他参加一支业余赛车队的技能培训。只要遇到比赛，他都会竭尽全力参加。由于得不到好的名次，所以他在赛车上的收入几乎没有，而且还使得他欠下一笔数目巨大的外债。但是，他一点也不想放弃。

有一次，他参加了州里举办的赛车大赛。当赛程进行到多半程的时候，他位列第三，他有很大的希望在这次比赛中获得好的名次。可是很不幸，他前面那两辆赛车发生了相撞事故，他迅速地转动方向盘，试图躲避它们。

然而由于车速太快而未能幸免。结果，他撞到车道旁的墙壁上，赛车在燃烧中停了下来。当他被救出来时，手已经被烧伤。医生给他做了几个小时的手术之后，才把他从死神的手里夺过来。虽然性命是保住了，但是他的手却伤得很严重。医生告诉他："从今以后，你再也不能开车了。"

他没有因为医生的话而退缩。为了圆心中那个美好的梦想，他决定再试一次。他接受了一系列烧伤修复手术，为了恢复手指功能，他每天不停地练习，用其他手指去抓木棍，有时疼得浑身难以忍受，也依旧不放弃。在做完最后一次手术之后，他回到了原来的农场，用开推土机的办法使自己的手掌重新磨出茧子，并不断练习赛车。

第十一章 | 做事要方法，落实讲策略

时间过去了十个月，他又一次回到了赛场！他先参加了一场非营利性的比赛，可是，他的车在中途却毫无征兆地熄了火。没想到，在接下来的一次全程300英里的汽车对抗赛中，他取得了亚军的好成绩。

又过了三个月，依旧是在这个赛场上，他满怀信心地驾车驶入赛场。经过多次激烈的争夺，他终于赢得了300英里比赛的第一名。当他第一次以第一名的成绩面对呐喊的观众时，他流下了幸福的泪水。

很多粉丝纷纷上前将他围住，向他提出一个同样的问题："你在遭受那次沉重的打击之后，是什么力量使你重新振作起来的呢？"他只是微笑着用黑色的水笔在图片的背后写了一句话：把失败写在背面，我相信自己一定可以做到最好！

事实上，成功不是看得见摸得着的东西，它就像黑夜中那颗灿烂的星星，不是你想让它出现时，它就听从你的命令可以出现。当你一次次地战胜了挫折后，你就会明白，原来困难并不可怕，可怕的是我们没有面对困难、战胜困难的勇气。在工作中，正是身陷困境才让你不断得到磨炼，常常主动思考，时时反省自己，从而让自己在困境中得到磨炼，在反省中不断提升能力，一步步走向通往成功的道路。

成功很多时候是虚无缥缈的。在困难面前不屈不挠，不断克服工作中的一个个困难，聚精会神地工作，心无旁骛，以职业为重，勇于尝试，终有一日会取得成功。你会发现成功原来如庭院里枝叶茂盛、茁壮成长的柳树，正亲切地向你招手。

在工作中，我们会遇到很多危机和困难。面对这些不幸，我们需要的是不屈不挠的精神。只有经得起磨砺，把困难和不幸当成一种鼓励，不

断找到解决困难的思路，在困境中强大，在苦难中成熟，让自己所做的工作见到成效，才能担当起更多责任，将自己磨炼成企业不可缺少的一面旗帜。

困难具有鼓舞人心的特点，当巨大的压力、不幸的变故等向一个人袭来时，隐藏在其体内的能量，才会突然喷涌而出。同样，工作中的困难会激发一个人的意志力，使其产生不屈不挠的动力，让人积极主动地去工作。我们应该想方设法解决困难，在战胜困难的过程中享受收获的幸福。

一位成功的企业家对向他请教的人坦言道，他在自己的事业上取得的每一个成功，都是与艰苦奋斗分不开的，那些不费力而得来的成功，让他感觉不安。他认为，克服障碍以及种种不足，从奋斗中获取成功，才可以给人以快乐的感觉。这位企业家很爱做艰难的事情。艰难的事情可以验证他的能力，考验他的智慧。他反而不喜欢容易的事情，原因是不费力的事情不能让他精神抖擞，不能充分展示他的才华。

要勇于和困难对抗到底，勇于在困难面前不后退、不胆怯。成功和失败、挫折与顺境，只是字义上不同，而在现实生活中，是紧密相连的整体。在人生的奋斗过程中，失败是成功的基础，困难是打开阳光大道的金钥匙。

一个具有高执行力的、有责任感的员工不会惧怕任何困难，也正因为如此，他们在工作中才能够解决一个又一个难题。如果一个人在遭遇一点困难之后就打算退缩，那么他就会永远被困在困难当中。爱岗敬业是一种对自我的高要求，也正因为如此，我们在培养自己爱岗敬业的习惯时一定会遭遇困难。从现在开始，我们应当让自己练就一副不惧困难的"身板"，并学会在困难中磨砺自己，为事业发展打下基础。

第十二章
执行的关键，在于速度与力度

现在就干，马上行动

毫无疑问，避免拖延的唯一方法就是不给拖延留下任何生根发芽的机会，简单来说，就是遇到事情立马去做。一旦我们开始付诸行动，那要不了多久，我们就会发现，原来成功就近在眼前。

任何一个老板都不会需要一个只会唯唯诺诺而且拖拖拉拉的平庸员工。一名员工如果只是在口头上服从，行动上却在迟缓，经常推两步才走一步，执行很不得力，就是一种拖延的体现。他们对上司的命令不断地敷衍和应付，甚至可以说是在消极拒绝。他们总是为自己没有完成某些工作寻找五花八门的借口，或者编造各种理由蒙骗公司，替自己辩解，逃避惩罚。

很多人在拖延一件事情时，会习惯性地找一些借口。而这些借口并不是为了说服别人，而往往是为了安慰自己，甚至是欺骗自己。当我们想去拖延或逃避一件事情的时候，总能找出一万个理由，而当让我们去做一件事情的时候，却找不出一个理由来把事情做好。我们总是把事情想得太困难，觉得它太浪费时间，而从来不去考虑，如果自己再努力一下，事情也许会变得简单和容易。

所以，请每个人仔细想一下，自己是不是一个不敢对一件事情做出承诺的人，这种人一般都难以接受别人对自己要做的某件事情或是某项工作规定完成的时间。

小秦毕业于某重点大学。他找了一份在一家设计公司设计工程图纸的工作。

小秦做事喜欢拖拖拉拉，但是他自己并没有感觉到拖拉的危害性。就这样，他这个缺点一直没有改变。

有一次，董事长交给小秦一个任务，让他在两天之内完成一个重要的图纸。本来按照真实的水平，小秦完全可以在规定时间内完成任务，但是，他又犯起了做事拖延的毛病。

一天半的时间很快就过去了，还剩最后一个下午了，没想到，就在这时，公司突然停电了，小秦无法进行工作。等规定的时间到了，小秦最终没能完成任务，给公司造成了巨大损失。事后，董事长狠狠地批评了小秦，最后把他开除了。

生活中，我们时常听见有人说："如果我当时那样做，早就发财了！"然而，天下没有卖后悔药的，一个人之所以没有成功，并不是因为当时没有看到商机，而是明明看到了商机，最后却因为自己的拖延和懒惰没有抓住宝贵的机会。这种人不管做什么事，往往都有拖延的毛病，他们整天只知道沉浸在不切实际的幻想中，以为天上能掉馅饼，他们永远都不明白，如果自己不能脚踏实地付诸行动，那么幻想只可能是幻想，并不能给自己带来任何好处。

打个比方,一个人如果仅有一张地图而迟迟不肯动身,那无论这张地图有多么详细,多么精确,它都不可能带着他周游世界。要知道,真正能让我们周游世界的只能是自己的双腿,换句话说,迈开实质性的一步远比详细的计划要来得重要。

我们每个人都要明白,创造财富的永远不是智慧的书籍,而是我们的行动。再宏伟的职业生涯蓝图,也永远不可能自动成为现实,所以,如果我们有了梦想,就要用最积极的行动去实现,只有这样才能使规划、计划、目标具有意义,才能将梦想变成现实。

无论是在工作还是在生活中,不管是大事还是小事,我们都应该立即着手去做,都应该立即行动,绝不能拖延。毕竟那些能够取得成功的人,通常都是能够积极工作的人,这种人能在瞬间果断地战胜惰性,积极主动地面对挑战。

我们都知道,拖延是人的惰性。习惯拖延的人,一旦自己要付出行动,就会为自己找出一些借口来推脱,来安慰自己,来欺骗自己,让自己能够心安理得地享受轻松。而有些人意识到自己的自欺欺人后,很快又陷入了思维的激战,一会儿觉得应该做,一会儿又觉得不应该做,如此一来,被主动和惰性拉来拉去,不知所措,无法定夺,时间和精力就这样浪费掉了。

相信很多人都有过这样的经历。每天当闹钟将我们从甜美的睡梦中惊醒时,我们就在纠结着,今天还有很多事情要做,可是被窝里很温暖,于是我们一边不断地对自己说,该起床了,一边又不断地给自己寻找借口,再睡一会儿吧。于是,在忐忑不安之中,又躺了五分钟,甚至十分钟。毫无疑问，当拖延养成习惯后，我们就很难再摆脱它了，然后，它就会日复一日地浪费我们的时间和精力，消磨我们的意志，从而使我们对自己产生怀疑，失去信心，并最终因为优柔寡断葬送自己美好的未来。

其实，很多人有所不知的是，一个人做事之所以会拖延，不仅仅是因为懒，有时候也是因为考虑过多、犹豫不决。当然，做事情谨慎一点是好事，但是也不能过于谨慎，因为过于谨慎就是优柔寡断。要知道，有些事情是没必要谨慎的，比如早上起床，这样的事是没必要过多考虑的。如果前一天已经计划好了要做什么事情，那就应该毫不犹豫地起床。

总之，我们要做一件事的时候，就应立即动手，不给自己留多余的思考时间，从而避免自己产生拖延。毕竟，对付惰性最好的办法就是从源头上杜绝惰性的出现。具体做法就是，当头脑中冒出各种顾虑和疑问时，我们就要意识到这是惰性在蠢蠢欲动了，这时，我们要做的就是将其扼杀在摇篮里，坚定不移地继续自己的工作。

其实，工作就好像是在打一场球赛，我们的对手就是时间。所以，面对关键性的比赛，我们不能有一刻的犹豫不决，否则我们就会被时间淘汰出局。而只要我们不犹豫，不拖延，立即行动起来，那我们最后就还有很大的获胜可能。

要知道，一个人对生命最不负责的一句话就是："留到明天再做吧。""明日复明日，明日何其多，我生待明日，万事成蹉跎。""明天"永远都不会来，因为来的时候已经是"今天"。由此可见，只有今天才是我们生命唯一可以把握的一天；只有今天才是我们生命中最重要的一天；只有今天才是我们可以用来超越对手、超越自己的一天。希望永远都在今天，希望就在现在。处理工作的时候，我们不要把希望寄托在明天，

第十二章 | 执行的关键，在于速度与力度

不要拖延，立即行动！只有行动才会让我们的梦想变成现实，只有行动才会让我们坐上成功的宝座。

对一个勤奋的艺术家来说，当他产生了新的灵感时，他就会立即把它记下来——即使是在深夜，他也会这样做。因为只有这样，他才不会让任何一个灵感溜掉。其实，对待工作，我们也要像艺术家对待灵感一样，不管何时何地，都不能放任自己的拖延和懒惰，一定要立即行动起来。

遇到问题并不可怕，可怕的是我们在面对问题时选择拖延和懒惰。所以，无论我们现在做什么样的工作，都应该立即行动，要知道，滴水也能穿石，一个小小的行动，往往会带来意想不到的结果。

在这个世界上，到处都有只说不做的人，他们对于未来只是在想，只是在拖延，从来没有采取过任何有效的行动。譬如在我们的工作中，有些人每到月末或者周末，甚至一年的末尾，都会去制订很多美好的计划，但第二天却没有开始行动。就这样，等到了下一个周末、月末和年末的时候，这些人都一事无成，究其原因，就是因为他们没有采取行动。

众所周知，再小的一件事也是需要我们付诸行动才能完成的，尤其在工作中，一分耕耘，才有一分收获。如果我们想要有所成就，迈向成功，就必须从现在起，拒绝拖延，立即开始行动！

空想百遍不如立即采取行动

对岗位负责的员工，在工作上遇到问题时，从来不会拖延，更不会得过且过，他们只会努力地寻求解决之道，防止事情进一步恶化；而对岗位不够负责的员工，其自身也缺乏足够的执行力，遇到问题总是置之不理，结果问题就像滚雪球一样越滚越大，最终发展到不可收拾的地步，让人追悔莫及。

不难发现，后者所犯的正是拖延症。所谓的拖延症，在心理学上的定义是这样的：自我调节失败，在能够预料后果有害的情况下，仍然把计划要做的事情往后推迟的一种行为。在职场上，有拖延症的员工比比皆是，归根结底，还是因为他们对工作缺乏必要的责任意识，在接到工作任务或是工作上遇到问题后，无法立即执行岗位责任。他们总是习惯将任务和问题一推再推，今天推明天，明天推后天，直到不能再推，才勉强逼迫自己去做，而最后的结果可想而知。对于每一位渴望在事业上获得成功的人来说，拖延症无疑最具破坏性，同时它也是最危险的恶习，它让我们在不知不觉之中丧失进取心。

那么，我们究竟该如何做才能克服拖延症呢？答案只有两个字——行动。没错，只要我们还愿意承担岗位责任，主动工作，那我们就必须用行动来破除拖延症的魔咒。而当我们开始着手做事时，我们就会惊奇地发现，自己的处境正在迅速改变。

一位农夫的农田里，多年以来一直横卧着一块大石头。这块石头碰断了农夫的好几把犁头，还弄坏了他的农耕机。农夫对此无可奈何，巨石成了他的一块心病。

有一天，在又一把犁头被碰断之后，农夫想起巨石给他带来的无尽麻烦，终于下决心弄走巨石，了结这块心病。于是，他找来撬棍伸进巨石底下，他惊讶地发现，稍稍使点劲儿，就可以把石头撬起来。

农夫脑海里闪过多年被巨石困扰的情景，再想到自己其实可以更早些把这桩头疼事处理掉时，不禁苦笑起来。

其实，在工作中，遇到问题就应该立刻弄清缘由，然后再想办法解决问题。要知道，做事拖拖拉拉或许能换取一时的安逸，但是从长远来看，这样做绝对是在浪费我们宝贵的时间和精力。就像故事中的农夫，很多事情并没有我们想象中那么困难，只要我们积极主动地执行岗位责任，就能在行动中找到最佳的解决办法。

罗斯福说过："做任何决策时，选择做对的事情是最棒的，选择做错的事情是次棒的，选择什么都不做是最糟的！"毫无疑问，拖延症患者就是选择什么都不做，对于那些属于自己的那份责任，他们始终都不愿意立即采取有效的行动，所以最后才会陷入无穷无尽的烦恼之中而无法自拔。

小琳大学毕业后进入一家公司工作，做事一向拖拉的她，在自己的第一份工作中栽了个大跟头。工作的第一天，公司领导就给她和另外一个新来的女生安排了一个任务，让她俩在网上搜集相关的资料，然后结合自己的想法，各自撰写一个活动的策划方案，要求在一个礼拜内完成。

小琳一听领导说"一个礼拜内完成"，心里顿时卸下了一个大包袱，她长吁一口气，决定先把这个策划放到一边，最后两天再来想办法完成它。当另外一个女生已经开始在网上搜集相关资料时，她还一边小口地喝着咖啡，一边悠闲地逛着淘宝网。

时间飞快地过去了，到了第七天，小琳还没开始工作，她心里感到非常焦虑，拖延了那么久，她每天其实过得并不开心，心里总是惦记着这个事儿，可就是不愿意开始行动。一个上午的时间，小琳才搜集了一点点资料，这一下，她彻底慌了，因为接下来的几个小时，根本不够她撰写活动策划方案。

怎么办呢？小琳只好病急乱投医，从网上抄一些别人的创意，加在自己的活动策划方案里，草草了事，随便应付下领导。

最后，领导采纳了另外一个女孩精心撰写的活动方案，并且决定让这个女孩担任这次活动的总监。而小琳呢，因为做事拖延，不仅错失了这次机会，还挨了领导的批评。

其实，在实际的工作中，像小琳这样做事拖延的人不胜枚举。他们总以为时间还有一大把，只要在规定的期限内把工作完成就行了，殊不知，要做好任何一项工作都不是简单的事，必须花费一定的时间和精力。所以，当期限将至，我们着手准备去完成那件工作时，我们才会发现，事情并不像我们所想的那般简单，再加上长期的拖延于无形中又消耗了我们不少的心力，最后我们上交给领导的只可能是一个不甚完美的结果。

说白了，做事拖延就是人的惰性在作怪，每当我们要付出行动时，我们总会想办法找一些借口来安慰自己，总想让自己过得轻松些、舒服些。然而，越是这个时候，我们越是要意识到自己所肩负的责任，勇敢地战胜惰性，积极主动地应对挑战，绝对不能深陷拖延的泥潭，白白蹉跎自己的光阴。

工作要在截止日期前完成

俗话说得好："今日事，今日毕。"不管我们做什么事情，都不能把今天要完成的事情推到明天，把明天要完成的事情推到后天。总之，只要是我们分内的工作，都必须在截止日期前完成，唯有如此，我们才不会养成做事拖沓的恶习，才不会耽误工作的顺利进行，才不会阻碍事业的进步。

在工作中，很多人有过这样的经历：在开始工作时会产生不高兴的情绪，所以总是不自觉地把某个期限内必须完成的工作一拖再拖，等到老板伸手找我们要工作结果时，我们却什么也拿不出来。面对这种情况，老板最后到底会有什么反应，相信每个人都了然于胸。

要知道，企业是以营利为目的的，老板花钱请我们工作，自然是希望我们能创造出大于我们所拿到的实际薪水的价值，再不济我们也不能让老板亏本。可如果我们不能在截止日期前完成自己的工作，那就等于让老板白花钱养懒汉，试问，又有哪一家公司的老板会对员工那么大方呢？退一步讲，就算老板愿意这么做，企业也没有那么多的闲粮让不干活的懒汉坐吃山空呀！

所以，我们要学会调试自己的心态，哪怕从事的是再艰难的工作，我们都要立即付诸行动，认真负责地去做。因为一旦我们开始行动，随着时间的流逝，我们离工作完成的日子只会越来越近，这个时候，我们的内心就再没有"必须要开始工作"的不愉快情绪了，相反，我们还会有一种前所未有的成就感。

有一次，约翰·丹尼斯和他的一位副手到公司各部门巡视工作。到达休斯敦一个区加油站的时候，已经是下午三点了，约翰·丹尼斯突然看见油价告示牌上公布的还是昨天的价格，很显然，加油站的工作人员并没有按照总部指令将油价下调5美分/加仑，这让约翰·丹尼斯十分恼火。

约翰·丹尼斯立即让助手找来了加油站的主管弗里奇。远远地望见这位主管，他就指着报价牌大声说道："弗里奇先生，你大概还熟睡在昨天的梦里吧！要知道，你的拖延已经给我们公司的声誉造成很大损失，因为我们收取的单价比我们公布的单价高出了5美分，我们的客户完全可以在休斯敦的很多场合贬损我们的管理水平，并使我们的公司被传为笑柄。"

意识到问题的严重性后，弗里奇先生连忙说道："是的，我立刻去办。"

看见告示牌上的油价得到更正以后，约翰·丹尼斯面带微笑地说："如果我告诉你，你腰间的皮带断了，而你却不立刻去更换它或者修理它，那么，当众出丑的只有你自己。这是与我们竞争财富排行榜第一把交

第十二章 | 执行的关键，在于速度与力度

椅的沃尔玛商店的信条，你应该要记住。"

工作要在截止日期前完成，这是我们每一个职场人都应该具备的最基本的职业操守。只有做到这一点，公司老板才能看到我们的执行能力，才会放心地将工作交给我们去做，而我们也才有机会向其证明我们的实力。

有人曾问一位法国政治家，"您是凭借什么使自己在政坛上获得巨大成功的同时，还能承担多项社会职务呢？"政治家答道："我从来不把今天要完成的工作推到明天，仅此而已。"由此可见，立即行动，绝不拖延，按时按质完成工作，是一个事业成功者必备的作风。

众所周知，在竞争激烈的现代职场，行动和速度是制胜的关键。面对工作，如果我们总是拖着不肯去行动，那最后根本完不成工作。很多人平庸一生，在某种程度上，就是因为他们做什么工作都喜欢拖延。可以想象，这样的习惯不仅会使人变得越来越懒惰，时间长了，还会破坏人整个的精神面貌，使之变得思维僵化、反应迟钝。

古语有云："流水不腐，户枢不蠹。"这句话的意思是，长流的水不发臭，常转的门轴不遭虫蛀。换句话说，一个人只有在工作岗位上进行活跃的思考，保持强烈的上进心和高昂的斗志，积极主动地执行任务，他才不会丧失自己宝贵的创造力和竞争力。

当然，也许有人会为自己的低执行力做如是辩解："我没有在截止日期前完成工作，是因为我做事谨慎。"拿谨慎当借口的人，往往没有搞清楚"谨慎"二字的含义，要知道，谨慎是对于将要的工作做好计划，而低执行力则是将应该在某个期限内完成的工作一而再再而三地往后拖。总之，工作的价值在于行动，雷厉风行或许容易出错，但这总比什么都不去

做要强上许多。

主动执行，机会更多

不要觉得你所工作的公司只是老板一个人的，你工作做得好坏，直接关系到了你自己的职业发展。经常抱怨的人，很容易成为"按钮"式的员工。他们常常是按部就班地工作，缺乏活力，时刻需要人监督。在老板不在的时候，他们可能就会偷懒，玩游戏、打电话，实际上这是在自毁前程。

不管我们在做什么样的工作，都不应该把自己当成是打工的人，我们要把公司当成是自己的公司来看待，把工作当成是自己的事业。这样一来，我们在工作的时候就会更有激情，更加负责，而且也会更加主动，你所得到的也不只是工作给你带来的成就感，甚至会有很多的机会。

在当今社会中，职场上有很多对工作消沉的人一定要在上级盯着的情况下才能够好好地工作。要不然的话，他们就会偷懒，老板给多少任务就完成多少，多干一点活都觉得很委屈。但是，你想过没有，与其这样每天浑浑噩噩地混日子，那还不如好好利用自己的业余时间来多干点工作。完成了本职工作，还可以积极主动地做一些其他的事情。如此下去，一天两天也许看不出什么变化，但是，时间久了，你就会发现，自己做了好多事情，能力也在慢慢地提升。自然而然地，就能够得到更多的机会。

珊珊在一家公司做秘书。有一次，珊珊同老板一起去见客户。陪老总去见客户之前，她请示要不要把合同带上。老总认为是初次见面，没有必要，而且签合同还早着呢。珊珊觉得老总说得有道理，但是，就在她离开公司的时候，她还是将已经准备好的所有资料都带上了。

见到客户以后，客户对公司的产品表现出了极大的兴趣，不停地问这问那，最后聊到了合同。老总此时心里很后悔没有带上合同。就在这个时候，珊珊微笑着从包里面拿出了文件资料，客户看了以后觉得非常满意，接着，珊珊又拿出了公司的合同。经过了一番谈话，终于，客户决定立即签合同。

事后，老总对珊珊非常赞赏。不久就为她涨了工资，还在全公司对她进行了表扬。

对于那些成功的人来说，不管面对的工作是简单的还是复杂的，不管对工作有没有兴趣，他们都会主动去做事情、找解决的办法。甚至于，他们可能比老板更加积极。这种主人翁的意识当然可以帮助一个人获得更好的发展。

一个人想要获得更高的成就，那么就要具有自动自发的精神。即便我们面前的工作非常无聊，也不应该找借口推托。

钢铁大王卡内基这样说过："在我们的生活中，有两种人永远都一事无成，一种是那些除非别人要他去做，否则他绝对不会主动去做事的人；而另一种人则是那些别人要求他做，他也不好好去做，做不好的人。那些不需要别人催促，就主动去做事情的人，他们不会半途而废，因为他们知道，付出的多，回报的也多。"然而，让人感到遗憾的是，在日

责任到人 执行到位

常工作中,很多员工并不能做到这一点。他们不去主动做事,工作态度也很差。在接到指令后,还要等到老板具体告诉他每一个项目可能会遇到的问题等。他们根本就不去借鉴过去的经验,也不会去思考这次任务到底和以前的任务有什么不同,是不是应该有什么地方需要提前注意等。他们在工作中投入的很少。他们遵守纪律、循规蹈矩,但是却没有一点责任感,只是非常机械地将自己的任务完成,一点创造性也没有。在老板看来,这样的员工根本就不会有发展。只有那些能准确掌握自己的指令,并主动加上自身的智慧和才干,把指令内容做得比预期还要好的人,才是老板真正需要的人。

小陈大学毕业不久,来到一家新公司上班。虽然他已经在这家公司干了将近半个月的时间,但是他似乎还没有真正进入工作的状态。他根本就不知道应该做点什么好。上班的时候,他坐在办公桌前发呆,看着其他的同事都在认真地工作,他感到非常迷茫。

日复一日,时间很快就过去了。小陈每天都是一样,在办公桌前坐着,没有事情可做,自己也不知道该做什么。相反,他的同事们却忙得不可开交。他觉得非常郁闷,以为公司想要辞退他,为什么一点工作也不给他安排呢?他越想越觉得有些不安。于是,他去找了部门主管,希望可以得到一些工作任务。

他的话还没有说完,没想到主管表现出了惊讶的神情。主管说:"你难道一点事情也没有吗?"小陈没有回答。"你为什么不自己找点事情做呢?"主管稍微停了停,指着那些忙碌的同事说,"他们的工作难道也是我给他们找的吗?为什么不自己找点工作做呢?"

小陈看了看其他人，觉得非常不好意思。他竟然从未意识到这是一个严峻的问题。

很多人在工作中和小陈一样，他们没有了领导委派的任务就不知道该做什么了，也不知道自己的工作重心在哪里，应该怎么做。对一个真正具有敬业精神的员工来说，他是绝对不会这样的。很多时候，他们会积极主动地找事情做。

如果一个人在职场中能够得到长期的发展，那么，他一定是一个具有敬业精神的人，是一个能够积极主动地面对工作的人。我们要明白，在工作中，不管我们需要担任的是什么样的任务，都要好好去做。

其实任何公司都有一套分工明确的责任体系，老板没有太多的时间来给每个员工安排工作。很多时候，需要我们自己去积极主动地寻找工作。

我们在开展工作时，就算是能力很强的人，也很难预料会发生什么样的问题，所以，我们在具体的工作中，需要积极地调整步伐。如果所有的事情都需要等待安排，那么，我们又怎么能够做出好的成绩呢？我们必须从等待工作的状态中走出来，做一个敬业的、积极主动的好员工。

第十三章
提高效率意识,提升执行效果

你做到日事日清了吗

日事日清代表的是一种认真负责的工作态度,高效执行;日事日清代表的是一种科学的工作方法,智慧做事;日事日清强调的是完美的工作结果,创造佳绩。人们都说时间是公平的,可是有些人总感到自己的时间不够用,不然,为什么做同样的事,自己忙得焦头烂额,别人却还有时间休息呢?只有高效率工作,才能让自己的时间更充裕。

日事日清对每个员工的职业生涯都具有重要的意义,任何一个懒惰成性、整天把工作留给明天、被上司或者同事推着走的人,都是无法取得伟大成就的。我们要使主动工作成为一种习惯,勤奋做事、主动做事、用心做事,只有这样才能成为一个优秀的员工,一个前途光明的员工。

戴约瑟是著名的地产经纪人,他最初就是因为自愿替一个同事做一笔生意,从而被提升为推销员,并最终走向成功的。

戴约瑟在14岁的时候,还只是一个听差的小孩,他觉得做一个推销员对他来说简直是不可能的事,但是他却梦想着能成为一名推销员。

有一天下午，从芝加哥来了一个大客户。当时是7月3日，客户说他7月5日便要动身前往欧洲，在动身之前他想定一批货。这要等到第二天才能办好，但是第二天就是7月4日，是美国的独立日，是放假的日子，店主答应大客户他会在那天派一个店员来照料。

普通订货的手续是客户先把各种货物的样品看一遍，选定他所想要的货，然后推销员把他所订的货拿来再认真地检查一遍。但是，这次被指派去做这一工作的一个年轻店员不愿意牺牲他的假日来取货，他为难地说，他父亲病了，需要他的照顾。这其实是他的托词，其实真正的原因是他想去约会。于是，戴约瑟对那个店员说，他愿意代替他做。结果，戴约瑟升了职，他成了一名推销员。

一个人如果把工作仅仅看成是谋生的手段，那么肯定什么事情也干不好，只有对自己的工作尽心尽责，并主动完成任务的人，才能在事业上取得成就。

很多人把每天的工作看成是一种负担，一项不得不完成的任务，他们并没有做到工作所要求的那么多、那么好。对每一个企业和老板而言，他们需要的绝不是缺乏热情和责任感、工作不够积极主动的员工。

日事日清型员工是没有人要求你、强迫你，你却能自觉而出色地做好需要做的事情。这样的员工哪一个老板会不青睐呢？任何一个企业都迫切地需要那些能够自动自发做事的员工，不是等待别人安排工作，也不是把问题留到上级检查的时候再去做，而是主动去了解自己应该做什么，做好计划，然后全力以赴地去完成。

日事日清是成功的注释，拖延是对生命的挥霍。如果你将一天的时间记录下来，就会惊讶地发现，拖延正在不知不觉地消耗着我们的生命。

社会学家库尔特·卢因曾经提出一个概念叫作"力量分析"。在这里，他描述了两种力量：阻力和动力。他说，有些人一生都踩着刹车前进，比如被拖延、害怕和消极的想法捆住手脚；有些人则是一路踩着油门呼啸前进，比如始终保持积极和自信的心态。这一分析同样适用于工作，老板希望公司的每一位员工在工作中都能从刹车踏板——拖延上挪开，始终保持

良好的状态，不断进步。每个人都有懒惰的天性，而日事日清工作的人能够克服这种天性，使自己勤奋起来。日事日清既能够造就一个人的成功，同时也能给企业带来业绩。

"拿下美国B客户非常难！"洗衣机海外产品部崔经理接手美国市场时，大家都这么说，因为前面的历任产品经理对这位客户都业绩平平。

真这么难吗？崔经理不信。这天，崔经理一上班就看到了B客户发来的要求设计洗衣机新外观的邮件。因时差12个小时，此时正是美国的晚上，崔经理很后悔，如果能及时回复，客户就不用等到第二天了！从这天起，崔经理决定以后晚上过了11点再下班，这就意味着，可以在美国当地时间的上午处理完客户的所有信息。

三天过去了，日事日清让崔经理与客户能及时沟通，开发部很快完成了洗衣机新外观的设计图。在决定把图样发给客户时，崔经理认为还必须配上整机图，以免影响确认。大约子夜一点，崔经理回到家，立刻打开家中的电脑，当看到客户回复"产品非常有吸引力，这就是美国人喜欢的"时，她顿时高兴得睡意全无，为自己的日事日清取得的效果而兴奋不已。

样机推进中,崔经理常常半夜醒来,打开电脑看邮件,可以回复的就即时给客户答复。美国那边的客户完全被崔经理的精神打动了,随之推动业务进度,B客户第一批订单终于敲定了!

其实,市场没变,客户没变,拿大订单的难度没变,变的只是一个有竞争力的人。她说:"因为我从中感受到的是自我经营的快乐,有时差,也要日事日清!"

日事日清追求的就是速度和结果。日事日清不仅跟员工自身关系重大,也与企业的成败有着莫大的关系。员工的工作结果直接关系着企业的命运。日事日清为自身带来业绩的同时也为企业带来效益,而拖延会直接把自己和企业拉入痛苦的泥沼。

日事日清,今日事今日毕,体现的是科学管理时间的观念,体现的是良好的工作习惯,体现的是一种敬业精神,体现的是一丝不苟的严谨态度。无论你是公司的高层主管,还是基层员工,大事还是小事,凡是需要立即去做的事情,就应该马上行动,做到日事日清,绝不拖延。这也是成功人士、成功企业都在遵循的行事准则。

忙碌不代表有成效,执行不等于落实

现代人一味强调忙碌,却忘记了工作成效,从周一到周日时刻忙碌着。而这些追求所谓"快"的忙碌实际上是在为自己制造慌乱，因为这种要求自己越忙越好的压力使职场人变得越来越浮躁。大多数人认为问题出在时间的紧迫上，但事实上，是忙碌控制了我们的工作和生活。

有个新会计，做报表的态度很认真，报表的格式也做得漂漂亮亮、整整齐齐。可惜，报表上的数据与实际发生额相差甚远，不仅领导看了一头雾水，而且她自己对报表上原始数据的来源也说不清楚。于是，这张报表也就成了一张废纸，一点价值都没有。

忙碌与成效，是很多企业的"心病"：员工都尽了力，大家每天都在忙碌工作，但企业却拿不到好结果，最后销售业绩下滑，质量波动，人心浮动。同样，这也是员工们的疑惑：我们这么努力，每天马不停蹄地忙碌，为什么领导还是不满意？

一旦染上了这种"忙碌病"，我们就会迷失在毫无间隙的忙碌之中，失去清醒的头脑和必要的理智。紧张工作疲于奔命，最终却往往会发现自己越来越力不从心，工作中错误百出，无法实现日事日清，这时才后悔莫及。

为什么好的决策总是一而再，再而三地付之东流？这是因为公司的执行力不强。我们现在缺少的不是制度的建设与创新，而是贯彻与执行的力度。随处可见的"差不多"和"不到位"；无处不在的浅尝辄止和虎头蛇尾；满足于一般号召，缺乏具体指导，遇事推诿扯皮，办事不讲效率等，都是没有把计划真正执行到位的具体表现。

工作中，一边出台制度、一边破坏制度和钻制度空子的现象屡禁不止，关键就在于制度执行不力、落实不严。有相当一部分制度仅仅停留在文件中、口头上。制度不落实，比没有制度更有危害。执行是制度管理的最关键环节，制度再健全、再完善，如果不执行、不落实也只能是一纸空文。

很多成功人士和著名企业都意识到了这一点。

美国医药界的翘楚，现在是世界上前五名的制药最大厂商的老板查理·华葛林，原来他只是开设一家规模很小的西药房，同样有着一般人的想法，埋怨自己的职业，对工作感到无趣。虽然对工作做得不是很起劲，但他曾问自己："我能舍弃这种生涯吗？""我能在我的职业中施展我的才能吗？"想了又想，不停地反复思考这个问题的他，终于下定决心，想到了一个方法。

这个方法就是把工作当作有趣的游戏，他是怎么做到的呢？例如，有人打电话订货，他一面接电话，一面举手招呼他的伙计，立刻把货品送去。

有一天，电话来了，他大声地回答说："好，郝斯福夫人，两瓶消毒药水，四分之一磅消毒棉花，还要特别的吗？啊，今天天气真好，还有……"

他不时地与顾客沟通，同时指挥伙计把货物取齐马上送去，而伙计经过他的训练，很快就能处理妥当，在接电话的几分钟内，物品已经送到郝斯福夫人家的门口，但他们仍继续谈话，直到她说："门铃响了，华葛林先生，再见。"

于是，他放下电话听筒，面露喜色，因为知道货物已经送到。

事后，郝斯福夫人常对别人说起这件事，当她订货的电话尚未打完，物品就已经送来了。由于她无意中的传播，使得附近的居民都来华葛林的药房订货，并且渐渐扩展到别区的居民，最后都成为他药房中的忠实顾客。

从此以后，他从一间小小的药房，慢慢扩充为公司，然后成立了制药厂，连各地都开设了连锁店。华葛林的成功，不在于工作的本身，而是他面对工作的态度。一个人学习一件自己感兴趣的事情时，更容易学到精髓，提高工作能力，直到最后的成功。

我们现在缺少的不是制度的建设与创新，而是贯彻与执行的力度。政策再好、制度再全、标准再高、要求再严，如果具体执行的人不认真、不负责、不尽心，其效果也不会好。如果我们制定一条制度，就落实一条制度；制定十条制度，就坚决执行十条制度，不松懈、不手软、不搞"下不为例"，公司里那些只知道数钞票却不知道做事的"蛀虫"就难行其道了，日事日清也就容易实现了。

做好时间管理，合理安排工作

假如你想成功，就必须认识到时间的价值。事实上，凡是在事业上有所成就的人，都十分注重时间的价值。他们不会把大量的时间花费在没有价值的事情上。接待客户是很多人经常要做的工作，同时也是一件十分消耗时间的事情，一个善于利用时间的人总是能判断自己面对的客户在生意上的价值，如果对方有很多不必要的废话，他们都会想出一个收场的办法。

处在知识日新月异的信息时代，人们常因繁重的工作而紧张忙碌。如果想提高自己的工作效率，让自己忙出效率和业绩，就要向这些珍惜时间的人学习，培养自己重视时间的习惯。

在日常工作、生活中，我们经常会有这样的感觉：虽然我们方向无误，目标明确，工作起来也很努力，每天忙得团团转，可就是复命的时候没有什么明显的效果。相反，有些人每天不慌不忙，如同闲庭信步，却卓有成效，总有事半功倍之效。除去运气等不可控的因素外，其差别就在于明白事情的轻重缓急。

工作需要章法，不能眉毛胡子一把抓，要分轻重缓急。这样，才能一步一步地把事情做得有节奏、有条理，避免拖延。而其中的一个基本原则就是，把时间留给最重要的事情，把最重要的事情放在第一位！

伯利恒钢铁公司总裁理查斯·舒瓦普为自己和公司的低效率而忧虑，于是去找效率专家艾维·李寻求帮助，希望李能卖给他一套方法，告诉他如何在短时间里完成更多的工作。艾维·李说："好！我10分钟就可以教你一套至少提高效率50%的最佳方法。"

"把你明天必须要做的最重要的工作记录下来，按重要程度编上号码。最重要的排在首位，以此类推。早上一上班，马上从第一项工作做起，一直做到完成为止。然后用同样的方法对待第二项工作、第三项工作……直到你下班为止。即使你花了一整天的时间才完成第一项工作，也没关系。只要它是最重要的工作，就坚持做下去。每一天都要这样做。在你对这种方法的价值深信不疑之后，叫你的公司的人也这样做。这套方法你愿意试多久就试多久，然后给我寄张支票，填上你认为合适的数字。"

舒瓦普认为这个方法很有用，不久就填了一张25000美元的支票给艾维•李。舒瓦普后来坚持使用艾维•李给他的那套方法，五年后，伯利恒钢铁公司从一个鲜为人知的小钢铁厂一跃成为美国最大的不需要外援的钢铁生产企业。舒瓦普常对朋友说："我和整个团队坚持最重要的事情先做，付给艾维•李的那笔钱我认为是我的公司多年来最有价值的一笔投资。"

把时间留给最重要的事如此重要，但却常常被我们遗忘。我们必须让这个重要的观念时刻浮现在我们的脑海中，每当一项新工作开始时，必须先确定什么是最重要的事，什么是我们应该花费最大精力重点去做的事。

分清什么是最重要的并不是一件容易的事，我们常犯的一个错误就是把紧迫的事情当成最重要的事情。紧迫只是意味着必须立即处理，比如电话铃响了，尽管你正忙得不可开交，也不得不放下手里的工作去接听电话。紧迫的事情通常是显而易见的。它们会给我们造成压力，逼迫我们马上采取行动。但它们往往是容易完成的，却不一定是很重要的。

根据紧迫性和重要性，我们可以将每天面对的事情分为四类，即重要且紧迫的事；重要但不紧迫的事；紧迫但不重要的事；不紧迫也不重要的事。

你在平时的工作中，把大部分的时间花在哪类事情上？如果你长期把大量的时间花在重要而且紧迫的事情上，可以想象你每天的忙乱程度，一个又一个问题会像海浪一样向你冲来。你十分被动地一一解决。时间一长，你早晚有一天会被击倒、压垮，上级再也不敢把重要的任务交给你。

只有重要而不紧迫的事才是需要花大量时间去做的事。它虽然并不紧急，但决定了我们的工作效率和业绩。只有养成先做最重要的事的习惯，对最具价值的工作投入充分的时间，工作中的重要的事才不会被无限期地拖延。这样，工作对于遵从日事日清的你就不会是一场无止境、永远也赢不了的赛跑，而是可以带来丰厚收益的事情。

我们提倡在工作中提高效率，更快更好地完成任务，但是，并不是说要以延长工作时间，甚至是牺牲自己的休息时间为代价。解决这一问题的关键是找方法，找到了适合自己的工作方法，不但能够保证工作高效地完成，你还能从中享受到工作的乐趣。

整天工作并不代表高效率。因为业绩和完成业绩花费的时间并不一定成正比。在你感到疲惫的时候，即使强迫自己工作、工作、再工作，也只会耗费体力和创造力，工作并不一定有成效。这时候，我们需要暂时停下工作，让自己放松。每当你放慢脚步，让自己静下来，就可以和内在的力量接触，获得更多能量重新出发，这也是高效率工作的一种策略。一旦我们能了解，工作的过程比结果更令人满足，我们就更乐于工作了。

掌握方法，化难为易提高效率

世界著名的成功学大师拿破仑·希尔在著作《思考致富》一书中，提出疑问"为什么是'思考'致富，而不是'努力工作'致富？"只知道努力工作的人并不一定会获得成功。放眼古今中外，成千上万的成功者无不是善于思考的人，而世间伟大的发明无不出自人的头脑，出自思考的源头。所以，职场人如果善于启用"头脑"，挖掘出自己最大的潜能，找到方法，就没有做不好的工作。

方法是效率的保证，是解决问题的关键。当你的工作或生活中出现僵局或困难的时候，找到了方法，一切问题都能够迎刃而解。方法决定成效，因为方法是一门工具，有了工具工作就简单得多了。

有个小村庄，村里除了雨水没有任何水源，为了解决这个问题，村里的人决定对外签订一份送水合同，以便每天都能有人把水送到村子里。有两个人愿意接受这份工作，于是村里的长者把这份合同同时给了这两个人。

两个人中一个叫艾德，他得到合同后，便立刻行动起来。每日奔波于湖泊和村庄之间，用他的两只桶从湖中打水运回村子，并把打来的水倒在由村民们修建的一个大蓄水池中。每天早晨他都比其他村民起得早，以便当村民需要用水时，蓄水池中已有足够的水供他们使用。由于起早贪黑地工作，艾德很快就开始挣钱了。尽管这是一项相当艰苦的工作，但是艾德很高兴，因为他能不断地挣钱，并且他对能够拥有两份合同中的一份而感到满意。

另一个获得合同的人叫比尔。令人奇怪的是自从签订合同后比尔就消失了，几个月来，人们一直没有看见过比尔。这令艾德兴奋不已，由于没人与他竞争，他挣到了所有的送水钱。

比尔干什么去了？他做了一份详细的商业计划书，并凭借这份计划书找到了四位投资者，一起开了一家公司。六个月后，比尔带着一个施工队和一笔投资回到了村庄。花了整整一年的时间，比尔的施工队修建了一条从村庄通往湖泊的大容量的管道。

这个村庄需要水，其他有类似环境的村庄一定也需要水。于是，比尔重新制定了他的商业计划，开始向其他需要水的村庄推销他的快速、大容量、低成本并且卫生的送水系统，每送出一桶水他赚1便士，但是每天他能送几十万桶水。无论他是否工作，几十万的人都要消费这几十万桶水，所有的钱都流入了比尔的账户中。显然，比尔不但开发了使水流向村庄的管道，而且还开发了一个使钱流向自己钱包的管道。

从根本上说，你接受了什么样的理念，就决定了你站在多高的台阶上、你能看得有多远，而你按照什么样的方法来工作，则决定了你能走多远，能成为什么样的人。理念决定起点，方法决定你真正能够达到的人生高度。

把事情变复杂很简单，把事情变简单却很复杂。人们在处理事情时，要把握事情的主要实质，把握主流，解决最根本的问题。尤其要顺应自然，不要把事情人为地复杂化，这样才能高效率地把事情处理好。

工作中，我们会发现，一份常见的商业建议往往会有厚厚的一叠；一些高层管理者的计划书中，密密麻麻的都是目标。但优秀公司的制度一般都具有简洁的特征，宝洁公司就是个很好的例子。

宝洁公司的制度具有人员精简、结构简单的特点，该制度与宝洁公司雷厉风行的行政风格相吻合。在长期运行中，宝洁公司"深刻简明的人事规则"顺利推动后，效果良好。

宝洁公司品牌经理说："宝洁公司有一条标语——'一页备忘录'，它是我们多年来管理经验的结晶。任何建议或方案多于一页对我们来说都是浪费，甚至会产生不良的后果。"宝洁公司的这一风格可以追溯到前任总经理理查德·德普雷，他强烈地厌恶任何超过一页的备忘录。他通常会在退回的冗长的备忘录上加一条命令："把它简化成我所需要的东西！"

如果该备忘录过于复杂，他还会加上一句："我不理解复杂的问题，我只理解简单明了的！"

聪明的人办事都讲究直接、简单。他们大都具备无视"复杂"的能力，他必须不为琐事所缠，他能很快分辨出什么是无关的事项，然后立刻砍掉它。

所有复杂的组织都会存在资源浪费和效率低下的问题，它使得领导者无法把目光专注在应该关注的事情上，相反，却进行着数目极其庞大的、昂贵的、无生产力的活动。因此，优秀的组合和个人要懂得给自身"减肥"，把事情简单化处理，使之更有效率、更有活力，从而得到更好的发展。

要想实现日事日清，让自己在职场中脱颖而出，让自己成为企业不可替代的优秀员工，就要按照卓越的方法，先进的工作理念去开拓自己的事业天地。

第十四章
智慧管理，增强团队凝聚力

提高执行力要善于借助团队的力量

我们在任何时候都需要培养自己的全局意识，不要被眼前局部的情况所迷惑。一定要时刻为全局的利益着想，这样的员工能够为企业创造出巨大的财富，也能够让自己的事业得到升华！团队合作可以让企业更加成功，让团队更加卓越，让企业的员工更加优秀。团队合作精神已经成为现代企业员工必须具备的素质，提升团队合作意识以及团队合作能力是企业发展的必经之路。

在实际的工作中，员工的合作意识非常重要。一个员工，只有真正意识到合作的重要性，才能在企业中做出一番事业。我们不能做那种和其他同事穿戴一样的制服，在口头上宣扬团队合作，然而在心里依然是我行我素、不合群的员工。要知道，这样的员工是无法获得同事的认可的，其事业也不会有长远的发展。

事实上，我们的团队合作意识决定了我们的工作成就，所以，我们要把团队合作意识渗透到工作的每一个细节中。我们都知道，几乎所有的工作都离不开团队合作，只有在团队内部形成互帮互助的合作意识和工作氛围，我们才能在不知不觉中将所有的工作做好。这个时候，作为团队中的一员，我们一定要懂得换位思考，比如在一项工作进行的过程中，我们最好不要缺勤，因为如果我们突然中断工作，很容易给团队其他成员造成压力，同时我们的缺席还会影响整个团队的工作进度和工作效率。

如果我们能在工作中为团队其他成员考虑，为其提供一些力所能及的帮助，或是分享自己宝贵的经验，那我们就能迅速地融入团队中去，赢得同事的信任和认可，我们就能为团队的发展倾尽自己全部的力量，我们就能和团队一起成长，并获得最终的成功。

而这一切，都有赖于我们自身团队意识的培养。在培养团队意识的过程中，我们要努力做到以下四点：第一，要学会自如地、迅速地、心平气和地承认自己的错误、弱点和失败；第二，要善于看到其他团队成员的优点，然后取长补短，不断完善自己；第三，如果说其他队员向我们请教问题，我们要耐心地去解答，以团队的利益为先，将自己所掌握的技术分享出来，让对方信任我们；第四，我们要将自身的优势发挥出来，并将其转化为团队的优势，以更好地促进团队的成长和发展。

此外，我们还需认识到，没有规矩，不成方圆。各行各业都有自己的规章制度，团队也不例外，所以，我们要想培养自己的团队合作意识，就必须懂得服从团队的安排。打个比方，很多时候，我们会觉得自己的想法和工作方案是最优秀的，但是如果上司没有采纳我们的意见或是没有选择我们的工作方案，那我们也不能学孙悟空大闹天宫，但凡遇到这种情况，我们需要做的就是服从团队的安排并虚心学习。因为只有这样，我们才能让团队的工作更好更快地完成，当然，我们也能借此发现自己、认识自己、锤炼自己。

所以，在工作中，我们想要成为一名具备团队合作意识的优秀员工，就一定要在接到命令之后，毫不犹豫地去执行。有时候，即便是遇到棘手的工作，我们也不要害怕或是逃避，要知道，越是棘手的工作越可以让我们得到锻炼，越能证明我们的工作能力。如果我们做好了，老板就会对我们另眼相看，同事们也会更乐意与我们一起合作。另外，如果我们在工作中出现了错误，那么也不要急着把责任推到同事的身上。要知道，工作上遇到问题和麻烦是在所难免的，这个时候恰恰是考验我们的时候，一味地推卸责任只会毁掉我们在团队中的形象。所以，我们需要先从自身找一找原因，然后好好地反省一下自己的工作态度和方法。总之，想要和同事和谐相处，愉快合作，我们就必须勇于承担自己的责任。

最后，团队合作意识的培养还表现在我们如何处理自身与其他团队成员的摩擦与冲突上。比如，在制订一个宣传方案的时候，我们和团队其他成员出现了分歧，此时，我们绝对不能盛气凌人，将对方逼至绝境。正确的做法是，退一步海阔天空，大家一起坐下来，心平气和地讨论并吸取彼此的意见，从而更好地解决问题。

我们若想更好地融入团队中去，与团队成员协同合作，共同激发团队的战斗力，那我们就必须努力培养自己的团队合作意识，唯有团队合作意识，才能引领我们迈向成功。

我们在工作中一定要懂得奉献、乐于奉献，只有这样，我们的团队才能变得越来越强大，我们才能享有更好的生活。对于我们每一个人来说，在工作中不断奉献，是我们获得成长的最佳途径。相反，离开了奉献，离开了付出，我们也就彻底离开了团队，而离开了团队，我们就算自身能力再强，也什么都不是！

团结就是力量，激发团队正能量

我们在工作中一定要懂得奉献、乐于奉献，只有这样，我们的团队才能变得越来越强大，我们才能享有更好的生活。对于我们每一个人来说，在工作中不断奉献，是我们获得成长的最佳途径。相反，离开了奉献，离开了付出，我们也就彻底离开了团队，而离开了团队，我们就算自身能力再强，也什么都不是！

研究表明，一个人的成功，85%是建立在积极工作的基础上的，还有15%是建立在个人的智力和他所掌握的信息的基础上。由此可见，在团队中，我们要努力培养积极工作的习惯，毕竟这是我们快速融入团队的最佳资本。

积极工作不仅是对自己的要求，也是企业发展的必然要求，尤其是在市场竞争日益激烈的今天，任何一个团队，要想在激烈的竞争中站稳、做大，都需要团队成员的积极工作。而作为个人，要想在团队中谋生存、求发展，就要培养自己积极工作的习惯，赢得团队的信赖。

在团队生活中，一个人的力量是十分有限的。即使一个人没有一流的能力，但是只要有积极工作、积极做事的习惯，也同样会赢得人们的尊重。假如你只拥有超强的工作能力，而没有积极工作的习惯，那么你的个人能力也会因为你缺乏良好的工作习惯而受到抑制，从而无法获得领导的赏识和同事的认可，久而久之就会对自己的工作造成巨大的影响。

所以，我们要想在职场上获得更多的信赖和赏识，就要在工作中培养积极工作的习惯。对待自己的工作要满怀热情，不等不靠、尽职尽责把工作做到位，力求精益求精，这样你才能获得更多的发展机会和回报，并且与团队一起成长。

作为团队中的一员，在做好自己分内工作的同时，还主动做一些对团队发展有利的事情，这样的员工，无论在哪个公司都会受到重用。

当然，在职场工作，我们最主要的还是要圆满完成领导交给我们的任务，只有这样，我们才能得到领导的认可，才具备了在这个单位、这个岗位生存下去的机会，才有可能实现自己的价值。否则，一切都免谈。然而抛开这些，让领导满意，赢得团队信赖的途径还有很多，其中尤为重要的当属工作积极主动了。要知道，企业之所以支付我们薪水，是希望我们能积极主动地做好工作，为企业创造出巨大的价值和效益，如果我们总是消极懒散，做事不上心，那势必会让团队成员对我们心生不满和厌恶。

总之，一个优秀的员工所表现出来的主动性，不仅体现在其能坚持自己的想法，做好手头的工作，还体现在其可以主动承担自己工作以外的责任。

小李应聘到一家进口公司工作后，晋升速度很快，没过多久就坐到了办公室主任的位子，这让周围所有人都惊讶不已。一天，小李的一位知心好友怀着强烈的好奇心询问他这个问题，希望能学习到一些成功的秘诀。小李听后无所谓地耸了耸肩，用非常简短的话答道："这个嘛，很简单。当我刚去公司工作时，就发现，每天下班后，所有人都回家了，可是董事

长依然留在办公室工作，一直待到很晚。于是，我下决心，下班后不回家，

待在办公室。虽然没有人要我留下来，但我认为我应该这么做，因为这是一个积极的员工应该做的。如果需要，我可以为董事长提供任何他所需要的帮助。就这样，时间久了，董事长也养成了有事叫我的习惯，我也就有了被重用的机会。"

我们不禁要问，小李这样做是为了薪水吗？当然不是。事实上，他确实没有获得一点物质上的奖赏，但是由于他的付出，他得到了老板的赏识和升职的机会，自然也为以后的事业打下了基础。

从这个故事中，我们不难看出，小李成功的背后，积极主动工作的意识起到了决定性的作用。所以，要想取得非凡的成就，我们就必须培养自己积极主动工作的意识。只有这样，我们才能养成积极主动工作的良好习惯，并在该习惯的引领下，做好自己分内分外的工作，进而赢得团队的信赖，更好地融入团队中去，最后与团队一起成长，一起成就一番骄人的事业。

我们都知道，一个人积极主动工作的自我意识主要是在现实生活中慢慢养成的。如果我们总是被偷懒、拖延、消极等坏毛病纠缠住，那时间一长，势必会影响到我们积极主动工作的自我意识的形成。所以，在平时的工作和生活中，我们一定要坚决地和这些坏毛病划清界限，唯有如此，我们才能成为一名优秀的团队成员。

总之，我们要自动自发地做事，同时为自己的所作所为承担责任。要知道，那些成就大业之人和凡事得过且过的人之间最根本的区别就在于，

前者懂得积极主动地工作，并为自己的行为负责，而后者则刚好相反，一方面，他们总是消极懒惰地对待工作，另一方面，当他们在工作中遇到困难的时候，通常都会选择逃避，有多远躲多远。其实，他们根本就没有意识到，一个人主动担当重任，并为企业的发展承担风险，表面上看起来似乎是一件苦差事，但实际上是在为自己赢得发展的机遇。我们每一个人都要积极主动地工作，然后凭借着自己这份超强的责任心去赢得团队的信赖，从而更好地融入团队中去，赢得更多的发展机遇，一步一步迈向成功的大门。

不要"凡事自己来"

在快速发展的现代企业中，传统意义上的单打独斗已经不合时宜，团队配合已经成为必然。因为个人的力量总是有限的，与人联合可以壮大自己。企业的命运和利益也就是每个员工的命运和利益，没有哪一个员工可以让自己的利益与企业脱节。个人要想获得更大利益，只有让企业获得更大的利益。每个员工都应该具备团队精神，融入团队，把整个团队的荣辱同自己联系起来，在尽自己本职的同时做好和团队其他成员的协同合作，借助团队的力量让你更加出色地完成工作！

比尔·盖茨说过："大成功靠团队，小成功靠个人。"这句话说出了现在的社会现状。在实际的工作中，一个人如果想要取得大的成功，只靠自己的力量是很难实现的。毕竟这是一个合作制胜的年代，因此，我们只有融入团队中去，学会与团队其他成员进行有效的合作，我们才能很快地成长起来，才可以获得大的成功。

那么，何谓团队合作呢？首先，我们要了解什么是合作。合作实际上就是个人与个人、个人与群体或者群体与群体，为了达到共同目的，彼此相互配合和协作的一种联合行动、方式。

而团队合作指的是一群有能力，有信念的人在特定的团队中，为了一个共同的目标相互支持合作奋斗的过程。它可以调动团队成员的所有资源和才智，并且会自动地驱除所有不和谐和不公正现象，同时会给予那些诚心、大公无私的奉献者适当的回报。如果团队合作是出于自觉自愿时，它必将会产生一股强大而且持久的力量。明白了这一点，我们也就不难理解为何一个团队可以完成一项较为艰巨的任务，而一个人则不能。很多人有所不知的是，团队合作还能够让成员们的能力有所提升，这对于创造团队融洽的工作氛围和加深团队成员间的友情都是大有裨益的。

一个人的力量是有限的，如果我们想要获得成功，仅仅依靠个人的力量是远远不够的，我们要迅速融入团队当中，和团队成员一起努力奋斗。

拿破仑带领军队驰骋欧洲战场，所向披靡。然而，他在攻克马木留克城的时候却惨遭失败。原因就是，马木留克兵高大威猛，身体强壮、武艺超人。而体格一般的法国士兵在体能上就输给了马木留克兵，他们根本无法和马木留克兵相提并论，所以，最后拿破仑的军队没有获得胜利，反而遭受到了巨大的损失。

然而，拿破仑争强好胜，他并不甘心就这么失败，于是他开始研究马木留克兵，希望找到他们的短处，以求克敌制胜。后来，拿破仑通过细心观察发现，马木留克兵的单兵作战能力很强，如果说进行一对一地单打，法国士兵必然会吃亏。但马木留克兵的联合作战能力非常差，如果说两个法国士兵相互配合，那打败一个马木留克兵一点儿问题也没有，同理，一群法国士兵更能打败一群马木留克兵。了解到这些后，拿破仑开始改变先前的攻打战略，他让法国士兵尽量避免单独作战，而是开展团队作战，最后他的军队赢得了胜利。

通过这个故事，我们不难发现，虽然马木留克兵身体强壮，但是他们的个人主义思想太重，又不懂得团队合作，没有团队意识，因此就不能够发挥团队合作的力量。相反，法国士兵的团队意识很强，他们通过自己的合作，靠团队合作的力量取得了胜利。

在工作中，个人的力量是有限的，只有团队合作才能铸就强大的力量，从而获得成功。如今社会讲究团队合作，因此，我们只有学会团队合作才能做出一番事业。一个企业若是缺乏团队合作意识，那就会如一盘散沙，缺乏战斗力，就不能在激烈的竞争中生存下去。而一个人如果缺乏与团队成员合作的意识，那么他就不懂在团队中借力使力，就会给自己目标的实现带来不可想象的困难，最终使自己无法完成任务。

所以，不管我们从事什么样的职业，身处什么样的环境，我们都应该努力融入一个团队中去，与团队成员开展有效的合作。在这个社会，不管做什么事情，如果会凭一己之力，而不依靠团队的力量，必然会失败。现代社会竞争非常激烈，如果所有人都懂得用大家的能力和知识共同完成一项工作或解决一个难题，那么社会也就会进步，会发展。

总之，一个人如果没有团队协作意识，那么就算他个人能力再强，再优秀，他也很难实现自己的梦想。现在的社会，是一个急需合作意识和合作精神的社会。作为企业的一分子，我们要让自己融入团队中去，通过团队的力量来解决棘手的工作。要知道，只有学会团队合作，我们才能迎来事业上的春天。

一个人再有本事，他的能力也是有限的，如果希望在工作中做出成绩，成为优秀员工，那么就必须要学会与人合作，获得大家的支持和帮助。毕竟站在巨人肩上才能看得更远，我们只有借助团队的力量才更容易做出成绩。唯有团队合作，才能带领我们走向成功。

团队合作能成就个人，这是职场不变的真理。我们每个人都要牢牢记住这句话，并在以后的工作中不断提醒自己，不当独行侠，不走个人路。唯有如此，我们才能在团队中走得更远，更顺利。

学会分享才能共赢

有人说，职场犹如一张大网，而我们每个人只不过是其中的一个"结"而已。如果你和很多的"结"建立了紧密的联系，你就能四通八达，你的人脉关系也会越来越广阔。

那么，如何与别人建立有效的联系呢？答案很明显，是分享。

分享是一个很简单的过程，有人认为它是一种思想上的放松。如果每个人都把自己所拥有的东西给予别人，并且感到快乐，这就是分享。有学者认为，分享在短时间内对自己是一种损失，但从长远来看，分享是一种潜在的收获。古人也说过："独乐乐，不如众乐乐。"我们的人生不是独角戏，无论是快乐还是痛苦，都需要与别人来分享。分享是情感的沟通、心灵的给予、共同的拥有。

在职场中，与人分享更为重要。我们发现，人缘不好的人一般都有一个坏毛病，就是不愿意把自己的收获与别人分享，甚至自以为是，看谁都不顺眼。这样的人多么可悲啊！作为社会中的个体，你必须知道，你不可能一个人完成所有工作。

小婕曾做过某大型集团的外交公关，口才很好，后来来到了沿海一家外贸公司做文员。来到新公司上班之后，小婕最喜欢在中午吃饭的时间与大家分享自己见过的奇闻异事，上到大国政要，下到平民百姓，全部囊括。小婕精彩绝伦的讲诉令同事们哈哈大笑，减轻了大家的工作压力。她在不知不觉中为自己赢得了见多识广的美好形象。

来公司一段时间后，由于小婕分享，办公室围着她的人越来越多。慢慢地，她的话在同事之间有了一定的影响力和威信。

一个懂得分享的人，是幸福的人，因为这样的人身上有一种特殊的力量。懂得分享会让你快速融入团队，你的分享将会让更多的朋友围绕在你身边。

在一个团队中，分享应该成为平时工作的一个常态，从最初的分享目标，到最终目标实现后的分享成果。分享需贯穿始终，这其实是一种特殊团队沟通，不同于前面章节所提到的管理者一对一，或是一对多的沟通，而是采用了团队成员多对多的沟通方式。分享让团队内部的资源充分得到共享，让每一个人心中都怀着对这个集体的深厚感情和美好愿望，并积极地为着共同的辉煌未来而努力。

如果你还在团队中封闭，你的同事还处在一种"自扫门前雪"的状态，你还保守地认为员工只需要知道他们所干的活就行了，那么你有必要从今天起，就寻求改变。

从团队角度来说，团队管理者需要分享目标和愿景，让你的下属清晰明确地知道自己在往哪儿走；分享决策，让你的员工了解团队的工作重心；分享信息，让团队内部的指令迅速下达、问题及时发现、冲突及时解决，你和员工们都能感受到一种令人愉悦的"透明"的团队环境；分享工作方法和经验，让你的员工更加优秀，更加熟练而完美地完成工作；分享成果，举行必要的庆祝，并让你的每一个下属都能收获从成果中取得的"蜂蜜"，让你的团队成员一起享受成果带来的快乐。

在所有的分享当中，成果的分享无疑是最激动人心的。一起努力了很久，终于实现了目标，公司获得了收益，如果与此同时，个人的腰包也跟着鼓起来，想必是一件让员工非常欢欣鼓舞的事。许多著名的企业都制定了利益分享的措施，企业的利益由员工和企业共同分享。美国的汽车大王亨利福特就在他的公司内部实施了利益分享的制度。

1908年，福特汽车公司制造的T型汽车成为最受美国人欢迎的车型，也成为真正属于普通人的汽车。在1909到1914年间，福特汽车始终保持着它的旺盛销售形势。亨利福特并没有趁机涨价大赚一笔，而是信守着他的商业宗旨"薄利多销总比少卖多赚好得多",不让消费者失望。

在向消费者让利的同时,亨利福特也和他的员工们分享着企业的成功。福特公司开创了世界工业史上从来没有过的在工人报酬方面的最伟大的革命。

亨利福特曾主动提出将工人的工资比原来增加一倍,而且凡年满22岁的工人都可以享受公司利润中的这一份,如果工人有眷属需要抚养,即使没有年满22岁也可以享受这一待遇。正是凭借这样的利益分享措施,使得福特汽车公司的员工得到了极大的激励,提高了工作效率,从而也推动了企业的发展。

一个乐于分享的团队一定是一个具备高效率的团队。其实,在团队当中,除了目标分享、成果分享,我们还有许多是可以拿出来分享的。比如说荣誉感。当我们与他人一起做好了某一件事时,所受的嘉奖应当同我们的伙伴分享。这样的话,小团队中也能够形成一种融洽的氛围。还有诸如知识、经验等诸多方面我们都可以用来分享。

一个好的团队一定是懂得利用分享促进团队共进的。而作为团队中的一份子,我们也可以利用分享让自己和这个团队进一步融合,让整个团队形成一种密不可分的集体,并形成强大的凝聚力。

分享是团队的粘合剂和助推剂。如果我们每个人都能够学会在团队中分享彼此的经验、成就、荣耀、利益,那么这个团队就能够得到共同进步,分享是一种无私,同样也是一种良好的职业素养。

第十五章
方法总比问题多，执行要懂变通

采取行动才是解决问题的关键

著名社会学家戴维斯坦言道："自己放弃了对社会的责任，就意味着放弃了自身在这个社会中更好的生存机会。"在工作中，假如你放弃了对工作的责任，那么也就预示着你放弃了对自身发展的良机。责任心很重要，更重要的是在工作中要做到尽心尽力。做好自己职责范围内的工作，这是判断一名员工是否合格的前提条件。

工作中，每个人都扮演着不同的角色，而每一个角色都有其相应的责任。从另外一个意义上讲，角色饰演得好不好并不取决于你对职责的重视程度，而是做到的程度。

西藏隆子县玉麦乡地处我国喜马拉雅山脉南麓，那里是我国人口最少的行政乡，只有九户32人。在20世纪90年代，卓嘎姐妹在父亲桑杰曲巴的带领下组成了"三人乡"。父女两代人接力守护着1987平方公里的国土。

早在1990年之前，卓嘎、央宗姐妹俩和她们的父亲桑杰曲巴，是这片土地上仅有的百姓。一栋房子，既是乡政府，也是他们的家。父亲桑杰曲

第十五章 | 方法总比问题多，执行要懂变通

巴是个老民兵，放牧守边34年，从未离开过这片土地。

这个与世隔绝的山谷实际上危险重重，随时都会被泥石流冲下来的大树挡住了去路。由于玉麦乡地处高山峡谷地带，长不住一粒青稞。长期以来，玉麦人的所有生活保障全靠人背马驮运进大山。每年从11月到第二年6月都是大雪封山期，这里就成了出不去进不来的"孤岛"。

因为环境恶劣，年轻的姐妹俩多次希望跟父亲搬离这里，看看外面的世界。央宗不理解，为什么父亲不愿意去更好的地方生活？直到有一次她发现，父亲翻箱倒柜的找来一些布在缝补些什么。

这一天，父亲把亲手做的第一面五星红旗挂在了屋顶上，央宗终于明白了父亲的心思，至今她都清晰地记得，父亲曾先后做过四面国旗。

玉麦乡的第一任乡长桑杰曲巴退休后，大女儿卓嘎继续担任起玉麦乡乡长，这一当就是23年。卸任后的卓嘎担任起驻村干部和妹妹央宗继续守护着这片家园。他们父女两代，接力为国守边，长期为守边固边忠诚奉献。他们始终坚定继续守卫国土，建设家乡的决心，永作扎根边陲的格桑花。

一个人不管做什么工作，都应该尽职尽责。因为一个人只有在尽自己的最大努力来完成工作时，才能不断取得最大成就。这不只是工作的要求，也是人生的要求。假如没有了尽职尽责的精神，生命只会变成一潭死水。

不管你在什么工作岗位上，假如能全身心地投入工作，忘我地努力工作，就一定能将工作做好。任何一家公司都喜欢尽职尽责的员工，只有每个员工意识到尽心尽力是自己的任务，这个企业才能在日益激烈的市场竞

争中取得胜利。

尽职尽责要求员工在自己的岗位上把工作做到完美，每一个细节都要兼顾到。一个把责任心贯穿工作始终的员工，会把负责任变成一种要求，变成脑海里的一种自发意识。在日常的生活和工作中，这种责任意识才会让员工自己表现得不平凡。一个合格的员工，不仅仅是做好自己分内工作，还要有高度的责任心，做到毫无瑕疵，让上司和公司感到骄傲。这才是尽职尽责的表现。

每个企业都是一个息息相关的有机整体，好比人体各个器官的运作一样，需要每个员工都把责任固定在自己的肩膀上。假如企业的每个职员都能尽责，积极分担责任，那么企业的辉煌就指日可待。其实，职员的尽责不只是为企业赢得了更大的经济效益，更是为自己赢得了巨大的发展机遇。

在日本本田公司，有这样一个汽车销售员，名字叫林子文。这个中年女子，没有任何汽车销售经验，可是却创造了令人惊叹的销售成就。

林子文对汽车行业一窍不通。为了攻破这个难题，林子文从头开始学习。在业余时间里，她购买了大量如砖头般厚重的专业书刊，不分昼夜地恶补理论知识。她没有任何汽车销售经验，当其他同事向客户解释汽车方面的问题时，她甚至比顾客听得还要认真，紧接着，她会在心里默默地将同事的话回想一遍。为了把这份工作做好，林子文付出了比其他人多几倍的汗水。无数个晚上，丈夫在卧室里看着表等她，直到再也熬不住了才独自一人睡去。而林子文则依然静静地在书房里学习理论知识。

这种对工作的热情得到了公司的认可，她以最快的速度成为店里销售

第十五章 | 方法总比问题多，执行要懂变通

业绩最好的工作人员，让很多做汽车销售的同事惊叹不已。林子文的努力是出了名的，她的工作态度也是令人赞叹的。

带着强烈的责任去工作，就是对工作能力的最有益弥补。高度的责任心让林子文获得了成功。《华尔街时报》曾这样评价林子文："林子文一心一意奋斗在销售行业，她的敬业精神和工作业绩在男本位的日本商界显得尤为可贵。"正是缘于她的这种尽职尽责的敬业精神，她才能始终保持着每年销售100辆汽车的最佳销售业绩，并借此开始了她的升迁道路。

不管从事什么职业，只有尽职尽责、尽心尽力地工作，才能在工作中有所收获。尽职尽责，才能为自己获得更大的发展机遇。假如三心二意、拖拖拉拉、敷衍了事地对待工作，那么这样是永远无法做好工作的。

每一个人从诞生那天开始，就生活在这个复杂的社会关系中，和他人、团队、社会之间存在着各种各样的责任联系。

正因为责任的广泛存在，使得我们能得到别人的认可，能被尊重，能变得更优秀。带有责任心的品格，是一种大家都明白的品格，却又是极少数人能够把它发挥到极致的稀有品格。有调查显示，近九成的优秀推销员不是那些油嘴滑舌、擅长交际的人。与此相反，他们都是性格内敛，相貌不出众的人，他们不觉得自己有多少能力，不会为自己的成绩盲目自满、飘飘然起来。他们都是具有强烈责任心，具有优良品格的好职员。

没有最好，只有更好

"百尺竿头须进步，十方世界是全身"，即便你现在已经取得了辉煌的成就，也不要骄傲。山外有山，只有更加努力，才能达到事业的更高峰。

在现实工作中，只有那些不满足于当前所取得的成就，不断进取，不断在工作中追求自我的人，才能将工作做好，取得事业的成功。一个人只有通过不停地进步，不断地努力，超越对手，超越自我，才能在职场上生存下去。要想在激烈的竞争中有所成就，就要不停地超越自我，将工作做到完美。没有人天生就是赢家，财富和幸福的收获是长时间拼搏的结果，而不是靠运气和等待的结果。

成功是坚持不懈、辛苦付出、日复一日努力的结果。要成功必须严格要求自己，勤奋努力，踏实上进。古人云，"青，取之于蓝，而胜于蓝；冰，水为之，而寒于水。"假如一个员工能够严格要求自己，每天都让自己比昨天做得更好一些，更进步一些，能够在工作中做取之于蓝的"青"，做寒于水的"冰"，能够事事有进步，将工作做得更好。

或许每个人都拥有难以预测的潜力，那些说万事"差不多就行"的人，等于浪费了自己的潜能。换言之，只有以"完美主义"的态度来进行工作，才能把自己的潜能和智慧最大限度地发挥出来。但是，有些人本来就有很不错的能力，却因为不具备尽责的品质，在工作中经常出现错误，结果让自己的前途毁于一旦。所以，事业上要想成功，就应该想尽一切办法把自己的工作尽可能做到更加出色。

将那些平常的、细小的工作认真地做好，才有可能使人慢慢地走上更重要的岗位，并创造出更高的效益。平时奉献出来的执着和辛劳，可以使我们进入到升职的大门。在工作时，只有做得比一般人更好、更快速、更正确、更有激情，你才能不断地发展和成熟。

只有持续不断地努力，超越对手，超越自我，才有可能做好工作，取得良好的业绩，摘取成功的硕果。商界大佬杰克·韦克奇坦言："员工的成功需要一系列的奋斗，需要解决一个又一个挫折。所以我们要时刻准备着超越自己，战胜困难。"

骄傲自满是一种个人主观主义情绪，这种情绪对工作很不利。许多员工在没有取得一点业绩的时候，发奋努力，像老黄牛一样勤勤恳恳地工作；而一旦有一天取得一点儿业绩之后，就骄傲自满、得意扬扬起来。这种容易骄傲的性格只能让他们自己重新回到以前平庸的阶段。

百货业举世闻名的推销员爱莫斯·巴尔斯是一个具有进取精神的人。直到老年，他依然保持着活跃的大脑，不断产生出令人赞叹的新想法。每当别人对他取得的辉煌业绩表示祝贺时，他都不会把这些放到心里去，他总是会高兴地说："你来听听我目前这个新的构思吧。"他九十多岁时不幸患了癌症，当有人给他打电话表示安慰时，他却一点儿也没有悲伤的情绪："你看，就在现在，我又有了一个奇妙的想法。"在病重之时都不忘多想一些，可见其对自己要求之高。

在激烈的职场中，我们也需要对自己严格要求。其实，摆在我们面前的路只有两条，要么进取，要么出局，绝对不能让自己停留在现有的阶段上。因为只有不满足于当前，期望更大程度地发挥，才能帮助我们不断取得新的成就。那些在事业上取得辉煌业绩的人，都是抱着"努力进取"的心态，奋力前进的。

成功的人在达到自己心中的目标后又接着设定下一个新规划，再次接受无限的挑战，直到完成任务为止。以前的目标实现后，又怀揣新的理想，向更远、更深、更专业的领域，迈开自己的脚步。他们对每天的点点滴滴能感受到一样的快乐，一直保持昂扬的斗志，精力高涨、日复一日地昂首奋斗，无论在任何时刻都不会丢失自己的热情和耐性。他们每时每刻都在为自己新的目标努力奋斗。

21世纪是一个缤纷多彩的世纪，长江后浪推前浪，一代更比一代强，假如你始终是在原地踏步，不思进取，那么很不幸，社会的大潮就会把你抛在岸头，后辈也会迅速赶超上来。只有改变自己的固有思维，改变陈旧的思维模式和行为模式，才有可能让自己更好地发展。

其实，超越自己并没有那么困难。我们回过头来看一看，生活中有多少看似高远的目标已经被实现了。而整个人类社会都是在不停地超越，从蒸汽时代到电气时代，从电气时代到电子时代，人类因超越而变得更加伟大。同样，假如我们在岗位上能够不停地超越自己，那么就算岗位再平凡，我们也能够创造出一个不平凡的自己，创造出属于我们自己的辉煌。

在工作中让自己强大起来

心理学家约翰·威廉·阿特金森认为，个人的成就动机可以分成两类，一类是追求成功的动机，另一类是回避失败的动机。不管出于哪一种动机，我们都可以看出，其实每一个人的心里都住着一个渴求完美的小人儿。

因此，当人们在选择工作的时候，一部分人总是倾向于对高难度的工作发出挑战的信号，而另一部分人则束手缚脚，只愿意做一个谨小慎微用处不大、人人皆可取而代之的"鸡肋"。对于那些时不时出现的极其困难的工作任务，"鸡肋"型员工从来不敢主动发起"进攻"，在他们看来，如果想要保住眼前这个虽发不了财但也饿不死的饭碗，那么最好还是乖乖地待在自己的乌龟壳里，免得日后被挑战失败带来的巨大挫败感伤得体无完肤。

小王是一所普通大学文秘专业毕业的大学生，毕业之后她就在一家外资公司担任部门主管的助理一职。至今工作已经好几年的她，在扣除五险一金后，每个月拿到手的工资大概有3000元。生性喜欢稳定、闲散和简单的她，当初在选择工作的时候，总爱将眼光放在一些没有多大挑战性的文职工作上。

助理工作虽然容易上手，但是长久地做下来，也未免有些枯燥、单调和乏味。小王渐渐地感觉有些力不从心，为了排遣不快，她经常给朋友打电话，在一次电话中她说："我真不知道自己还能坚持多久，虽然我现在对这份助理工作已经快驾轻就熟了，可每天都干着同样的活儿，就跟天天吃一道菜一样，再这样下去，我迟早会发疯！"

电话那边的朋友在听到这些一反常态的丧气话后，着实为她内心的烦闷感到些许的担心，对她说："你是学文秘出身的，之前不是一直特别想要从事文职工作么？好不容易积攒了这么些年的工龄，你可不要因为一时的灰心丧气将它付之一炬啊！"

小王深深地叹了一口气，说："工龄有什么用啊？在公司领导的眼里，我就是一块'鸡肋'。即便我每天都会接手一堆鸡毛蒜皮的小事，尽心尽力地为公司付出，可他们总认为我是一个可有可无的员工，即使离开了，迟早也会有人接替我的职位。"

说到这些，她的语气明显有点激动，声音一下子增大了好几倍。于是，朋友连忙安慰她，"照你这么说，辞掉这份工作也未尝不是一件好事，既然你做得那么不开心，还不如另觅高枝，换一家好一点的公司，选一个好一点的职位重新开始。"

"唉，我现在也是一团迷雾。工作了好几年，我的工作经验可以说是被文职工作给圈死了，要想换一个行业东山再起，恐怕难于上青天啊！"小王感觉自己现在是进退两难，进一步是万丈悬崖，退一步是无边暗谷。

其实，像小王一样沦为"鸡肋员工"的职场人士并不在少数。其中大多数的人还将这份让自己饱受煎熬的工作视为安身立命之所，尽管他们感

第十五章 方法总比问题多，执行要懂变通

觉现在的工作已经毫无出路和趣味可言，却始终在这每天八小时的工作里混吃等死。因为，命悬一线的理智在提醒他们需要生存，所以很多人还是选择待在逼仄狭窄的"安全屋"内，不敢打破现有的工作状态。

这样做的结果是不言而喻的，"鸡肋员工"的精神状态肯定会一日不如一日，在公司的每一分每一秒都将变得度日如年，除了紧张、厌倦以及无可奈何之外，他们根本感觉不到任何工作的快乐。更有甚者，在未来的某一天，公司老板可能突然看他们不顺眼，一怒之下毫不留情地将他们扫地出门。所谓鸡肋，食之无味，弃之可惜，但这可惜并不是永久性的，只要找到了合适的人选，公司领导就会像扔掉烂抹布一样，再也不会对他们多看一眼。

因此，行走职场，尤其是对待将决定我们一生的工作时，我们一定要拿出万分的谨慎和加倍的钻研精神，学会在工作岗位当中提升自己，而不是整天自怨自艾。为什么这么说呢？小王之所以会觉得助理工作毫无前途和乐趣可言，那是因为她事先就已经界定了助理工作的内容和实质，此举其实跟画地为牢别无二致。

我们若想获得职场成功，首先要做的事就是粉碎内心渴望安于现状的念想，然后在日常的工作之余，努力学习，提升自己各方面的能力。一味地埋首在烦琐的日常事务里，等我们抬起头来的时候，远方除了一片阴郁的暮色之外，压根就寻不到一丝光明。我们应该腾出一点时间让自己进行独立思考，或是补充更多对工作有用的知识，竭尽全力地打造自己的核心竞争力，最后成为某一个领域的精英人才。

在职场摸爬滚打，钻研并没有捷径可走，努力做到以下几点，即使当不上能独当一面的"鸡头"，我们也可以摆脱"鸡肋员工"的耻辱称号，

让自己扬眉吐气一回。

第一，为自己设立一个高标准，认真对待工作中的每一件事。高标准的要求才能产生高质量的成果，当我们力求尽善尽美，把自己的分内工作做好时，我们成长的速度会更快，从中收获到的经验也会越多。

第二，把公司最优秀的同事当成自己学习和竞争的目标。职场当中没有人敢说自己的能力已经臻于完美了，因此，我们要向优秀的人看齐，时时刻刻把他们看成自己学习的榜样以及竞争的对象，我们才能"近朱者赤"，茁壮成长，假以时日化身为一棵与他们比肩而立的参天大树。

第三，不惧挫折，直面困难。困难和挫折总是无情地摆在通往成功的路途中，而面对挫折和困难时最好的武器便是坚持不懈的意志。在成功的路途上，没有哪一样东西比坚持不懈的意志更为可贵。那些得到赏识并且成为某一领域权威的人士，都是性格坚韧的人。坚韧的个性能使人不讨厌工作，每天奔波不觉劳累。它所产生的能量持续不断，加以控制和引导，就能变成一种认真，进而提高自己应对挫折的忍受力。真正坚持不懈的人，能将种种失落的情绪抛在一边，不断锐意进取。

第四，永远保持着一种不断挑战自我的信念和决心。"鸡头"可以做，"鸡肋"决不当，我们如果不愿意像软弱的绵羊一样终生吃草，就得拿出狼一般果敢的进取精神，鞭策自己不断进步。暂时地身居低位没关系，高昂的斗志和积极的钻研迟早会助我们青云直上。

人们常说，不能让孩子输在起跑线上，但是现实却告诉我们，每一个人的起跑线从来就不在一条水平线上。虽然许多职场中人并没有得天独厚的家世背景，可老天爷毕竟还是公平的，在时间的王国，所有人都站在同一高度的平台。面对工作，我们不妨拿出自己的拼搏精神，充分运用自己的聪明才智，在钻研的道路上越走越远，直到遇见繁花锦簇的明天。

始终比他人领先一步

具有敬业精神是要求我们在走上工作岗位、开始职业生涯时就应该具有的一种最基本的职业素养，也是我们一生都应当坚守的工作品质。具有敬业精神的基础是爱岗，只有热爱你的工作，你才能在这个位置上认真工作。

职业岗位是人生旅途拼搏进取的一个阶段，是实现人生价值的重要平台。爱岗，就是热爱自己的工作。面对上司安排的工作，不能推脱不干，不能找理由，你必须得完成它。但是，只完成还不够，爱岗还需要有热情，自觉主动地完成，追求卓越。

我们经常在大街上看到辛勤工作的清洁工人。清洁工作脏吗？累吗？对很多人来说，这项工作又脏又累，甚至感觉到扫大街很没有面子。可对优秀的清洁工人来讲，他们不会有这样的感受。因为有足够多的理由促使他们去做这件事：第一，城市需要他们，需要他们用劳动保持路面的整洁。第二，这是他们的本职工作，他们敬畏它，使路面保持清洁是他们的职责。

敬业，其实就是一种奉献的写照，把个人的利益放在集体的利益、国家的利益之后。奉献精神，是爱岗敬业的体现。只有具有敬业精神的人，才能在自己的工作岗位上认真刻苦、兢兢业业、不断超越，才能为自己和公司做出业绩，为国家和人民做出贡献。

有人或许会这样认为，重要的岗位更能调动人的积极性，而那些简单的岗位很难让人产生敬业之心，实际上并不是这样。

我们要知道，工作没有本质的差别，劳动最光荣。不要认为你的工作岗位很渺小，就可以敷衍了事，就做不出非凡的成就来。殊不知，时传祥是淘粪工人、王进喜是石油工人、李素丽是公交车售票员……他们中的哪一个不是在平凡的岗位上做出了不平凡的业绩？

敬业其实并没有那么难。假如你是公司最底层的一个业务员，天天在大街上与各种顾客交流，你笑容满面，把公司的产品用最和气的语言介绍给别人，赢得大家的喜爱，那你就做到了敬业。假如你是一个工厂的文员，那么整理好每一份资料，保证没有一个错误，这也是敬业的体现。只有在平凡的岗位上表现优秀了，你才能在不平凡的岗位上取得更大的成就。

那么，具体来说，我们怎么样做呢？

第一，把工作当事业。铭记一句话，任何工作都是有意义和价值的。

对个人来讲，这是为自己的事业奠定基础的；对公司来说，人人都敬业就会形成一股凝聚力，这股凝聚力必定会推动企业的进步。

第二，要有团体合作的理念。在这个世界上，没有完美的个人，只有完美的集体。没有众人的帮助，一个人根本不可能独立完成一项计划。

第三，要自觉主动地去工作。不要等上司为你安排，不要等别人来抱怨你。工作中应该勤快，做事不拖拖拉拉。

第四，一定要有强烈的责任心。把单位的事情当作自己的事情，主动承担责任，不要为失败找任何理由。

此外，我们还要爱惜自己的工作，不要总是三心二意。爱惜自己的工作，也是敬业的表现。

意大利著名高音歌唱家帕瓦罗蒂曾经经历过这样一件事。当年轻的帕瓦罗蒂从师范学院毕业后，他问父亲："我是选择当歌唱家呢，还是当老师？"父亲回答他说："你如果想同时坐在两把椅子上，只会从椅子中间掉下去。你只能选择一把椅子坐。"同样的道理，假如你选择了多个工作，那么，到头来只会一无所获。你不爱惜自己的岗位，想着其他的工作，自然会有人来取代你。只有认认真真地充分利用自己在岗位上的每一天，努力进取，奋发有为，才能获得人生的辉煌。

敬业是推动公司发展的必然需要，也是每位职员实现个人抱负、取得个人成功的必由之路。一个人要想在工作上取得成功，在职业之路上赢得辉煌，就必须具有敬业的品格和道德，并为之努力地工作。在行使好工作职责的进程中，体会和寻觅到自己的思维。投机只会有一时的快乐，踏实肯干才能得到一致的肯定和支持。

敬业是每个员工必备的职业素养。对工作兢兢业业，就是敬业精神的具体表现。有高度责任心，工作态度始终如一富有热情，认真地对待本职岗位，尽心尽力地投入工作，这样的员工是具有敬业精神的员工，是最可敬的员工。

其实敬业说到底还是一种责任承担，因为一个能够主动承担责任的人需要有敬业之心，相反，假如一个人没有承担责任的意识，那么他就很难说是一个敬业之人。

某地一家大型餐饮连锁公司打算招聘一名行政总经理。招聘公告一发出去,求职电话便应接不暇。面试当天,一下来了两百多人,厨房里挤满了准备要面试的大学生。面试进行了整整一个下午,从始至终,厨房的洗碗间有一个水龙头一直在"哗哗"地流着水,可是竟然没有一个人主动去关掉它。

最后,董事会宣布,这次前来面试的人没有一个达到企业的要求,所以一个也没有录取。事后,有人问其缘由,这家餐饮机构的董事长说:"我们只是希望找到一个敬业的人,可令人悲哀的是,这样的人真是不多见啊,连水龙头都不去关的人我能录用吗?"

对公司来讲,职员的能力很重要,然而更重要的是,员工是不是具备责任心,是不是能在自己的职位上认认真真,是不是能把工作当成自己的事来看待。

责任是我们每个人都需要承担的,没有人能够逃避。复杂的社会关系中,到处都是责任。只要你工作了,就表示你对这份工作有责任。坚守责任就是坚守我们自己最根本的做人的道德。在这个变幻莫测的环境里,没有不需要承担责任的职位,也没有不需要完成任务的工作。因此,在工作中我们要尽心尽力,把所有的事情做好。一个职员的责任心会产生很大的影响力,能使公司在竞争中处于优势地位。

海尔公司的一位职员说过这样的话:"我会随时把我听到的、看到的对我们海尔公司产品的建议记下来,不管是在和朋友的聚会上,还是走在街上听陌生人说的。原因是作为一名职员,我有义务和责任让我们的产品更好,有责任让我们的企业更成功、更美好。"这就是海尔公司员工的责任意识，这就是海尔的产品能够畅销全球的重要秘诀。

责任来源于对事业的热爱。假如你不能把工作当作一份事业来看待，那么责任就无从说起。著名作家托尔斯泰说："一个人假如没有热情，他将一事无成，而热情的基础正是责任心。"所以，尽责就要敬业，工作需要激情。只有真心认真、激情四溢，才会心潮澎湃地做一番事业。

责任来源于对价值观的追寻。人生价值需要依靠工作来实现，它取决于负责任的态度，更得益于负责任的行为。无论在什么岗位上，我们都应该兢兢业业地承担起属于自己的责任，成为一名具有敬业精神的好员工，最终成就非凡的自己。

第十六章
只有干在实处，方能走在前列

不掩饰，不辩解，主动负责

"责任到此，不能再推"，这是美国第33届总统杜鲁门的座右铭。

这句话传达出一种勇担责任的工作态度，告诫每一位在职场工作的人，不要把宝贵的时间和精力浪费在如何推脱责任上。只要是我们的职责所在，问题必须到此为止，这才是一个高执行力的员工应有的职业素养。

在一家企业当中，如果每个人、每个部门都习惯性地推卸自己的责任，那么，将会给企业带来非常可怕的后果。

廖明和张鑫分别是一家中型科技公司的主管，廖明主管市场部，张鑫主管技术部。这家科技公司凭借着一项专利技术让公司的核心竞争力有了很大的提高，不光国内市场风生水起，最近一两年，公司还积极向国外市场进军，并且有了一些重大的收获。

不过，公司最近发生的一件事情却让总经理大为生气，因为他们公司损失了一笔数千万美元的订单。

公司的海外事务部最近反馈给公司一个重要消息：土耳其一家大型公

司需要一大批器材，在斟酌了价格和技术之后，他们选择了我们的公司，这个订单非常大，超过我们过去一年在海外市场的订单总额。

面对这样突如其来的好事，公司各部门开始协同运作。首先，市场部主管廖明带队，与技术部主管张鑫一起奔赴土耳其展开洽谈。事情原本进展非常顺利，但一个小小的插曲却让这次合作成为泡影。

在这家位于伊斯坦布尔的公司总部里，双方正在会议桌上洽谈。当对方问及如果"设备安装、维修等具体售后服务由我们自己解决，你们在价格上可以给出多大的优惠"时，廖明和张鑫顿时就懵了。因为他们俩都没有准备这样的"功课"，廖明以为这是技术部的事情，而技术部认为市场部早就了解各方面的价格，对此应该有所准备。

两人你推我，我推你，最后都没能回答这个问题，只是说："等我们向公司咨询后，再回答你们的问题。"而客户对他们的态度非常不满，直接撂下一句："你们公司看来都没有准备好这次合作，如果是这样，那我们就要重新考量双方的合作了。"

就这样一件小事，让这次合作成了泡影。回国之后，两人又开始在总经理面前互相推诿责任。压抑着怒火的总经理说出了这样一句话："我们公司的制度你们也清楚，在洽谈合作方面，市场部和技术部要协同合作，这件事情你们都有责任。客户提出的要求的确出乎意料，但你们的反应也出乎我的意料。如果你们仅仅是没有做足功课，面对这种突发状况还情有可原，但你们那种互相推诿责任的态度居然也让客户看到了。你们俩应该要反思！具体的惩罚稍后我会告诉你们，我现在可以明确告诉你，公司对这种不负责任、不能担当的态度向来是零容忍的，所以，你们自求多福吧！"总经理的一番话，让两位主管无言以对。

诚然，在这个世界上，有很多事情我们无法掌控，但我们至少可以掌控自己的行为，并对自己的一切行为负起全部的责任。尤其在工作中，当我们犯下错误时，不应该将责任推到别人的身上，竭力掩饰自己的过失，而是要让问题止于自己，然后积极主动地去寻求解决办法。

要知道，一个具有责任感的人遇到任何问题，首先想"我应该怎么做"，而不是"他应该如何做"。不要再问"谁应该为此事负责""他为什么要让这件事情发生呢"这样的问题，而是首先要问"我要怎么做才能解决问题"，或是"我如何才能比别人做得更好"。

在实际的工作中，很多人有一种隐隐的担心："如果我把许多事情的责任包揽下来，我能得到多少的回报呢？我是不是吃了亏？"毫无疑问，这种担心是一剂毒药，它让人纠缠在眼前的一点蝇头小利里，从而丧失了最为重要的责任感。就拿上文的故事来说吧，所有的员工自始至终都是一副"事不关己，高高挂起"的嘴脸，生怕自己多做了一点事情。从表面上看，他们确实免于一场奔波，但实际上他们失去了领导的信任，错过了一次能让自己飞速成长的机会。

虽说在一家企业里，我们不能奢求每一位员工都富有责任感，都具备超强的执行力，但是我们必须看到，一个能勇担责任且高效执行的人，必然能拥有强大的号召力，进而获得大家的拥戴。

总之，主动承担更多的责任是成功者必备的素质。在大多数的情况下，即便我们没有被告知要对某项工作负起责任，我们也应该拿出"职责所在，问题到此为止"的积极态度，高效地去执行岗位责任。毕竟只有这样的员工，才是最值得企业管理者去用心栽培的人才。

工作总是超越领导的期望

在职场打拼,我们都想成为老板眼中的优秀员工,可究竟做到什么程度才算是优秀呢?相信每一位员工都曾被这个问题困扰过。

有的人认为,优秀就是踏踏实实地把老板交代的工作做好,有的人则认为,优秀不仅是要完成老板分配的任务,还要制定一个更高的目标,努力超过老板预先的期望。毫无疑问,后者所定义的优秀才最契合老板的真实心意。

在工作中,如果我们完成的每一项工作都达到了老板的要求,那当然是一件好事,我们可以称得上是一名合格的员工,我们不会丢掉自己的饭碗,幸运的话,或许还有机会加薪升职,但是我们永远无法让老板刮目相看,永远无法成为老板的重点栽培对象。只有恪尽职守、全力以赴地去工作,超过老板对我们的期望,我们才能给他留下深刻的印象,让他眼睛一亮,才能让他在关键时刻想起我们,给予我们一个更大的舞台施展自己的才干。

大刘是一个对工作十分负责的人,他不仅能将老板安排给他的所有事情做好,工作结果往往还能超过老板的期望。因此,老板对他的工作表现很满意,很快就提拔他为自己的特助,辅助自己处理日常的事务。

同事们都很佩服大刘，认为他这种刚参加工作没多久的人会有如此快的晋升速度，肯定有属于自己的一套秘诀。于是，大家都跑去向大刘取经，可大刘每次"揭秘"都是一句话："哪儿有什么秘诀呀，把工作做好就行了！"对于这样的回答，同事们当然不买账，他们觉得大刘是在刻意隐瞒，于是都很不满。

一次，老板需要一份文件，让公司的另一名员工小美打印。这时，大刘刚好从旁边路过，他看到打印出来的文件，立刻皱眉说道："小美，你这样不行，赶快再重新打印一份，把字号调到小四，行间距调到1.5倍。"

小美疑惑地说道："不用吧，老板刚只说让我把这份文件打印出来，没说要调这调那呀！"听完她的话，大刘严肃地说道："这可不行，我们做任何事情，都要超过老板的预期，他虽然只要求你打印一份文件，但身为员工，你有责任将这份文件打印得更清晰一点，这样老板看起来才更舒服。"

大刘的话让在场的所有同事不由得点头称是，大家终于明白他成功的秘诀究竟是什么，那就是不仅完成任务，更要超出老板的期望。

在现实生活中，很多人面对工作只是老板让他们怎么做，他们就怎么做，从来都没想过要将工作做得更好。如果继续这么工作下去，他们的职场之路只会越走越窄，最后进入一个死胡同。要知道，对于老板来说，只有那些像大刘一样能准确掌握自己的指令，并且主动将工作做得更好的人，才是他们苦苦寻找的优秀员工。

著名投资专家约翰·坦普尔顿通过大量的观察研究，得出了一条很重要的原理——"多一盎司定律"。所谓的"多一盎司定律",意即只要比正常多付出一丁点就会获得超好的成果。约翰·坦普尔顿指出:取得中等成就的人与取得突出成就的人几乎做了同样多的工作,他们所做出的努力差别很小——只是"一盎司",但其结果却经常有天壤之别。

面对工作,只要我们多一点点责任感,在高质量完成任务的同时,再超出老板的期望多做一些事情,并将这些事情做得更完美,那肯定能让老板感到喜出望外。如此一来,老板势必会更加信任我们。

优胜劣汰一直是职场永恒不变的生存法则。那些在工作上达不到老板要求的人迟早会被淘汰;而那些刚好能达到老板要求的人,则会继续自己平淡的工作;只有那些超越老板期望的人,才会被单独叫进老板的办公室,老板会额外地给予他们一些极具挑战性的重要工作,让他们有机会磨炼自己,获得迅速的成长。

一流的执行力,创造一流的业绩

经常听见有员工抱怨工作太过繁重,薪水太过微薄,好像自己吃了多大亏似的,他们从来没有真正反省过自己,也没有意识到丰厚的报酬其实是建立在业绩之上的。也就是说,我们若想在职场上升职加薪,首先就必须创造出一流的业绩。

那一流的业绩又从何而来呢?毫无疑问,如果我们对工作缺乏一流的责任心，做事不认真，处处投机取巧，那我们是没办法创造出一流的业绩的。唯有在工作中恪尽职守、全力以赴，我们才能创造出突出的工作业绩，让老板对我们另眼相看。

大海是一家家具厂的采购员。由于企业计划进一步扩大生产规模，为了提高产品质量，增强市场竞争力，企业决定从东北地区引进一批优良木材，于是，公司派大海去采购这批木材。很多同事得知此事后，很羡慕他能有如此"肥差"，因为这次公司采购的份额很大，只要在报价上略施小计，最后肯定能捞不少的"外快"。

到了东北以后，大海并没有直接联系供货商，而是先到木材市场做了一番深入细致的调查。他联系到了几个同行，大家在一起交流后，大海发现自己所要采购的这批木材的市场价格比供货商开出的价格要低五个百分点。于是，大海对市场做了进一步的研究分析，很快就得到了供货商的价格底线。

大海并没有隐瞒这个事实，他立即将自己所掌握的信息向公司做了汇报，在接到公司要求他全权负责的通知之后，他才开始找供货商谈判。

由于已经提前对市场做了调查，大海并没有被供货商的花言巧语所迷惑，最终以很低的价格签订了购买合同，为公司省了一大笔采购资金。

基于大海对工作认真负责的态度以及创造的一流业绩，他很快就受到了公司的重用，被任命为供应部门的主管经理。

通过这个故事，我们可以得出一个结论：一个人要想在公司里占有一席之地，就必须意识到，突出的工作业绩才最有说服力。换句话说，只有

第十六章 | 只有干在实处，方能走在前列

对自己的工作全力以赴，为公司赚取更多的利润，我们才能在职场中稳操胜券。

所以，每一位员工从进公司的那一刻起，一定要多问问自己"我能为公司做什么"，而不要问"公司能给我什么"。要知道，当我们凭借积极主动、认真负责的工作态度创造出一流的业绩时，我们的人生简历必然因此变得丰富多彩，公司老板也自然会看到我们的价值，从而在工作上给予我们更多宝贵的机会。

迈克尔是派希公司的一名低级职员，他有个外号叫"奔跑的鸭子"。因为他总像一只笨拙的鸭子一样在办公室飞来飞去，即使是职位比他低的人，都可以支使迈克尔去办事。后来，他被调入到销售部。

有一次，公司下达了一项任务：必须在本年度完成500万美元的销售额。销售部经理认为这个目标是不可能实现的，私下里他开始怨天尤人，并认为老板对他太苛刻。只有迈克尔一个人在拼命地工作，到离年终还有一个月的时候，迈克尔已经完成了他自己的销售额。但其他人没有迈克尔做得好，他们只完成了目标的50%。

很快，经理主动地提出了辞职，而迈克尔则被任命为新的销售部经理。"奔跑的鸭子"迈克尔在上任后的一个月里，投入忘我的工作。他的行为感动了其他人，在年底的最后一天，他们竟然完成了剩下的50%。

不久，派希公司被另一家公司收购。当新公司的董事长第一天来上班时，他亲自点名任命迈克尔为这家公司的总经理。原来，在双方商谈收购的过程中，这位董事长多次光临派希公司，这位始终"奔跑"着的迈克尔先生给他留下了深刻的印象。

不难发现，如果迈克尔没有一流的责任心，他是不可能创造出如此骄人的业绩的，他也不可能获得比别人多的机会。

其实，对工作恪尽职守、全力以赴的表现之一就是创造出一流的业绩，唯有一流的业绩能给企业带来丰厚的利润。著名企业家松下幸之助先生说过："企业家不赚钱就是犯罪。"因此，作为企业的一员，我们每个人都要认真工作，处处为企业考虑，努力做一个业绩最好的出色员工。

在工作中，很多人误以为经验和资历是衡量能力的标准，其实不然。实际上，许多公司的管理者把业绩视为考核员工能力的标准，唯有业绩才能体现员工的价值。所以，我们要时刻坚守自己的岗位，争取用一流的责任心，创造出一流的业绩，实现自己的梦想。

始终走在别人前面，成为不可替代的员工

据一份抽样调查显示，认为自身在本职岗位上具备绝对的竞争优势的白领仅占调查人数的10.8%，有23%的调查者表示自己具备一定的优势，而剩下的66.2%的受访者则表示自己人微言轻，只懂一些基本技能，并不具备职场的核心竞争力。

在经济学中，有一个词语叫"替代性"，它是指如果商品的同类使用功能基本相同，那么其他的生产者也可以生产出同类的产品来替代你的产品，从而抢占市场份额。因此，一种商品的可替代性高，往往预示着它的

价值不会很高。

换个角度看，人才其实也是一种特殊的商品，我们要想在职场上获得高薪，巩固自己的地位，就必须恪尽职守，全力以赴地去工作，让自己具备其他员工无法替代的能力，打造属于自己的职场"铁饭碗"。

文艺复兴时期，画家米开朗琪罗在一次修建大理石碑时，同他的赞助人教皇朱里十二世发生了激烈的争吵，米开朗琪罗为此感到非常愤怒，他甚至扬言要离开罗马。

当时，所有的人都觉得米开朗琪罗的行为实在太过大胆，这一下，教皇朱里十二世肯定会怪罪他，并撤销对他的赞助。但没想到的是，教皇朱里十二世不仅没有惩罚米开朗琪罗，反而和颜悦色地极力挽留他。

众人都很纳闷，教皇朱里十二世却心如明镜。他深知，即便没有他的赞助，米开朗琪罗也一定可以再找到一位新的赞助人，但他却永远无法找到另一个才华横溢的米开朗琪罗。

可以看到，米开朗琪罗虽然脾气火暴，但他对自己的工作向来是尽职尽责，同时他还拥有非同寻常的艺术才华，以至于身份无比尊贵的教皇朱里十二世也要礼让他三分。

可以毫不夸张地说一句，正是责任让我们变得不可替代，正是责任成就我们在职场的"铁饭碗"。要知道，在这个社会上，对工作尽职尽责的优秀人才，不管走到哪里，都为企业所需要。所以，我们需要做的，就是在工作岗位上恪尽职守，努力找出更有效率、更好的办事方法，提升自己在老板心目中的地位，最后成为老板心目中不可替代的卓越员工。

露宝是一个拥有四个孩子的42岁的母亲,她之前从事过文秘、档案管理和会计员等不少后勤工作。但这些工作她都做得不长,后来她一直在家里操持家务。

微软在创业初期,董事长比尔·盖茨想招一名女秘书,在众多应聘者中,露宝被盖茨看中了。盖茨认为公司在创业初期,百废待兴,各种事情都等着他去做,而内务方面的杂事更是繁多。此时,露宝无疑是一个最理想的人选,首先,她42岁,这种年龄有稳定性;其次,她多年在家操持家务,说明有内务管理方面的经验。

值得一提的是,当时的盖茨只有21岁,还是一个外形清瘦、头发蓬乱的大男孩。露宝得知年轻的盖茨是自己的老板后,心想,一个给人印象如此稚嫩的董事长办实业,恐怕会遇到很多困难,而身为他的秘书,自己有责任把后勤工作做好,尽力为其分忧解难。

就这样,露宝成了微软公司的后勤总管,她负责发放工资、记账、接订单、采购、打印文件等工作,从来都没让盖茨操心过。后来,当微软公司决定迁往西雅图,露宝却因为丈夫在亚帕克基有自己的事业而不能跟着盖茨一起走时,盖茨对她依依不舍。临别时,盖茨还握住她的手,动情地说:"微软公司永远为你留着空位,随时欢迎你来!"

三年后的一个冬夜,在西雅图微软公司的办公室里,比尔·盖茨正因后勤工作不力而烦恼。这时,一个熟悉的身影出现在门口。"我回来了。"这个声音比尔·盖茨再熟悉不过了,因为那是露宝的声音。她已经说服了丈夫,举家迁至西雅图,继续为微软公司、为仍然年轻的董事长效力。

微软帝国的崛起,露宝实在是功不可没。年轻的盖茨影响了世界历史，而作为这位风云人物的秘书，露宝也获得了事业上的成功。

毫无疑问，当一个人高度负责地完成自己的工作时，这就说明，他在这个行业内已经是不可替代的。换句话说，一个敬业的人是永远不会失业的，露宝的故事刚好说明了这一点。正是因为露宝对工作的恪尽职守，她才将自己的后勤工作做得如此出色，最后牢牢地守住了自己在职场的"铁饭碗"。

一个拥有强烈的敬业精神、在工作中恪尽职守的人会在不知不觉中成长，他的能力会因为这种强烈的敬业精神而变得越来越强，这样的人，无论在哪个岗位上，都拥有自己的"核心竞争力"。

总之，身为员工，我们必须在工作中认真履行职责。当我们凭借恪尽职守在工作上表现突出时，自然可以得到领导的欣赏，从而谋得一个重要的职位，逐渐成就一番耀眼的事业。

面对工作，我们越是恪尽职守、全力以赴，最后越是能得到优待。我们每一个人都必须明白这个道理，唯有如此，我们才能打造职场"铁饭碗"，从此高枕无忧，不用担心自己会被残酷的职场所淘汰。